武则天大传

罗元贞 著

大传

中华书局

图书在版编目(CIP)数据

武则天大传/罗元贞著. —北京:中华书局,2018.3
ISBN 978-7-101-12956-4

Ⅰ.武… Ⅱ.罗… Ⅲ.武则天(623~705)-传记
Ⅳ.K827＝421

中国版本图书馆 CIP 数据核字(2017)第 296300 号

书　　名	武则天大传
著　　者	罗元贞
责任编辑	陈　虎
出版发行	中华书局
	(北京市丰台区太平桥西里 38 号　100073)
	http://www.zhbc.com.cn
	E-mail:zhbc@zhbc.com.cn
印　　刷	北京瑞古冠中印刷厂
版　　次	2018 年 3 月北京第 1 版
	2018 年 3 月北京第 1 次印刷
规　　格	开本/710×1000 毫米　1/16
	印张 12¼　字数 100 千字
印　　数	1-6000 册
国际书号	ISBN 978-7-101-12956-4
定　　价	49.00 元

目　录

1

第一章
地理环境

山西省位于我国华北平原西部。因在太行山之西,称为"山西"。取坐北朝南之势,别称"山右"。

山西地势,由东北向西南倾斜,是黄土高原的东部,有山西高原之称;地表多覆盖着深厚的黄土层。

春秋时期,地属晋国,所以山西简称为"晋"。战国初期,赵、魏、韩三家分晋,故山西又称"三晋"。

远古时代,有全国分为九州之说,最北是并州(并字作为地名必须念"兵")。并州范围,以后逐渐缩小,到唐朝,并州主要指今阳曲以南、文水以北这一块。并州的治所,在古晋阳,即今晋源镇。617年,唐高祖李渊在晋阳起兵,至唐玄宗开元中,改并州为太原府。文水县,一直在并州及太原府治下。所以《旧唐书》《新唐书》都说:"高宗则天顺圣皇后,并州文水人。"

文水县在今太原市的西南方。

文水,春秋时期,是晋国贵族"祁氏之田"。三家分晋后,属于赵国,称为"大陵"。秦始皇十九年(前228),建立大陵县,属太原郡。隋文帝开皇十年(590),改名文水县。

隋唐以前的大陵县城,位于今文水县城东北二十五里处,就是武陵村的大陵屯。

隋唐时代的文水县城,在今文水县城东面十里处,即旧时的"旧县都",今有旧城庄。

北宋年间,文水县城被大水冲坏,宋哲宗元符年间(1098—1100),方移县城于章多里,这就是现在的文水县城。宋代筑的是土城墙,高仅三丈三尺。明代多次增修,高至四丈五尺,并改用大砖筑城。

《旧唐书》卷39《地理志》说:太原府原是隋朝的太原郡。唐武德元年(618),设并州总管府于此,管辖晋阳、太原、榆次、太谷、交城、文水、祁县等十六个县。武德七年(624),总管府升为大都督府。女皇登位的天授元年(690),升太原为北都,与东都洛阳相配,仍设大都督府。女皇驾崩后,废北都。唐玄宗于开元十一年(723),又设北都,改并州为太原府。天宝元年(742),改北都为北京。

唐太宗时,划全国为十道,今山西省称为河东道,道内有并州(即太原府)等。宋代称河东路。元代属中央的中书省,置河东山西道肃政廉访司。明代置山西布政使司,至清代始称山西省。

文水县,唐武德年间,先属汾州(治今汾阳),贞观初年,还属并州。女皇天授元年(690),因为文水是女皇的故乡,照例升为武兴县,和晋阳县、太原县,同样列为"京县"。

关于文水和太原的材料,我除遍查"正史"之外,还查遍了所有地方志:从明代成化二十一年本,到清代乾隆四十八年本的《太原府志》;从明代嘉靖三十年本,到清代光绪八年本的《太原县志》;从清代康熙十二年本,到光绪九年本的《文水县志》,结果发现,所有上述志书的记载,都是根据新旧《唐书》与《资治通鉴》写成的。

第二章
时代背景

一、武士彟的时代背景

武则天的父亲武士彟(读"获"huò,不读"约"yuē),生于 577 年。这时,我国南北大分裂的南北朝即将结束,隋朝统一的局面即将出现。

他五岁时(581),杨坚夺取北周帝位,建立隋朝,年号开皇(581—600)。

他十三岁时(589),隋朝发兵南下,击灭了南方的陈朝,统一了天下。

隋文帝杨坚在位二十四年。杨广杀其父杨坚,夺得帝位(即隋炀帝),年号大业(605—617)。隋炀帝倒行逆施,大征徭役、兵役,大兴土木,屡次出兵外征,百姓怨恨,纷纷起义。《隋书·炀帝本纪》说,大业六年(610),雁门人尉文通在今晋北代县,聚众三千人起义反隋。这是隋末最早的农民起义。《隋书·炀帝本纪》明文有这条材料,但许多人不知道,就误以为第二年大业七年(611)山东王薄的起义是最早的,很多著作和讲义都有此误。

这时,武则天的父亲已经三十多岁,但还没有生则天。农民起义迅速发展,到大业十二年(616),才基本结束。

可见大约十年间的遍于全国的战争局面,主要是农民大起义,是三四十岁的武士彟走出文水农村、开始搞事业的时代背景。

二、武则天的时代背景

武则天出生于唐高祖李渊武德六年(623)。她的青少年时代,是九年的武德朝(618—626)和二十三年的贞观朝(627—649)。

童年的武则天随父母住过长安、扬州、利州、荆州。十三岁丧父,十四岁回长安,被唐太宗召入宫中作才人,长达十三年。

第三章
武则天的父母

武则天的父亲是文水县人武士彟。

据《旧唐书·武承嗣传》记载,这个武家的前几代人是:

武居常——武克己——武俭——武华——武士彟

武士彟有两个哥哥,大哥武士棱,为人老实,专心农业。唐朝建立后武士彟成了二级功臣,在皇宫禁卫军中当将军,后来,当农民的武士棱沾光,在长安当上司农少卿。

其二哥武士逸比较活泼,早就离开土地,到晋阳参加了李渊的部队。李渊率军向首都长安(今西安)西进时,以幼子李元吉为晋阳留守,武士逸编在留守部队里面。后来,刘武周南下,攻破晋阳,李元吉弃城逃跑,武士逸被俘。后回归唐朝,官至韶州(今属广东)刺史。

武则天为皇帝之后,有人曾说,她上代的高曾祖父辈曾做过大官。

其实,至少她的祖父一代还是农民。

文水一带曾有这样的民间传说:少年武则天入后宫以后,有一天,皇上问她:"你的父亲是干什么的呀?"她回答说:"我爸爸是肩上挑着太阳和月亮去卖的啊。"皇上惊奇地问:"日月怎么担得动呢?"她说:"我家种地又做豆腐,每块豆腐,都是圆的,有水缸面那么大,不是好像太阳和月亮吗?"

我来山西将近四十年,见到好些地方的豆腐,都是大块而圆形的。

这个民间传说,也说明了武士彟最初是农民。

另外一个传说是记载在史书上的。

宋代的《太平广记》卷137引《太原事迹》说:武士彟,太原文水县人。做官之前,和同县人许文宝贩运木材。曾在河边上积聚木材数万茎,一夜间化为森茂丛林,因致大富。一天,武士彟与许文宝会于林下,许文宝看见自己的那一大堆木材依旧是枯木,对比之下,就说:老武你真有大福气,得到上天的保佑,将来一定会大富大贵。

后来,武士彟跟着李渊在太原起兵,又随军入长安,建立唐朝。文水人就说,武士彟曾贩卖木材,果然遇上建立大厦(唐王朝)需要栋梁之时,运气真好!

其后许文宝沾武士彟的光,也在唐朝做到刺史(《分门古今类事》卷15也有这个传说)。

文峪河自北向南流经文水县内,是汾河的一大支流。我去考查时,文峪河的流量还不小,还能漂流木材。可见这个传说故事,不完全是虚构的。

武士彟是会动脑筋的有才干的农民,后来,他不卖豆腐了,出去贩卖木材,是可信的。

还不止此,不久,他又成了隋朝军府的小军官。

隋朝也在全国实行"府兵"制度,在重要地区设置了军府,叫"鹰扬府"。主要是每年利用农闲时期,征集适龄壮丁,施以军事训练,以充实武装力量。《旧唐书·武士彠传》说,武士彠不仅是军府的士兵,还当上了"队正",管带五十人。

这是他身份的重大转变,从此他成了军人。

另外一个传说,是文水县人张养浩先生给我提供的。

由太原去文水县,离县城尚有二十里处,有个大汽车站,名叫开栅,但俗呼"开市"。

此村紧傍文峪河下游,沿河上溯十里,原有一村庄,名叫崖底。此村西北面,有一所建筑,人称"武园城"。传说,因为女皇武则天曾从河南来此避暑而得名。此城早已不存。

据说某年,女皇思念故乡文水,且因河南天气炎热,就选此山清水秀的胜地,筑起小小的避暑行宫武园城,她就住这里避暑。

一天,她在侍从陪同下,出去游山观水,路边的酸枣树枝上的倒刺,勾住了她的龙袍下边,女皇轻轻踢了一下,倒刺便舒展开了。从此以后,这一带的酸枣树就都变成长直刺了。

唐高祖李渊,原是隋朝贵族,青年时期就袭爵封为唐公。他也就是民间传说"雀屏选婿"故事的主人公。

据说隋朝高官窦毅为其女选择夫婿,别出心裁,自创新招。他在府门外照壁附近,立两扇屏风,屏上各画一孔雀,招长安大官子弟来射。有数十人前来,虽射中了孔雀,但是都不满意。最后,青年李渊前来,跃马弯弓射中了两个孔雀的眼睛,这才中窦毅的意,遂将女儿嫁给李渊。

李渊逐渐成熟,成为精明能干、有眼光、有谋略、有度量、能容人的政治家。

大业十一年(615),隋炀帝出巡北边并游山西的汾阳宫,同时命李渊率兵到河东镇压农民起义。十二年(616),李渊升为右骁卫将军。十三年(617),五十三岁的李渊调为太原留守。明年,618年,隋亡唐兴。

识时务、喜交游的鹰扬府队正武士彠,首先在家里设宴招待李渊及李世民,初步建立了武、李两家关系。不久,李渊派他为留守府的司铠参军。

这几年,农民起义军及地主武装到处都是。隋炀帝已被围困在扬州,一筹莫展,坐等亡国。这种形势,唤起了武士彠、刘文静等扶助李渊逐鹿中原的野心。

李渊也早有此意,他在隋恭帝义宁元年(617)答复瓦岗寨李密的信上曾说:"侥关

中平定,据险养威,徐视鹬蚌之势,以收渔人之功。"(《资治通鉴》卷184)

武士彟见李渊没有积极表示,就拿谶语符瑞兵书,来劝李渊起兵,争夺天下。李渊说:知道了,谢谢你的好意,将来事成,"当同富贵";但是目前还必须保守秘密。这样,武、李两家的关系,又进一步亲密。

当此天下大乱、群龙无首、英雄并起、各显身手之时,官僚或贵族,有的想乘机当君王;出身农民的起义军领袖,也都想当皇上;志士能人则想投奔明主,干一番事业。

例如:后来成为著名的军事家的李靖。他是今陕西三原人,姿貌英伟,聪明好学,熟读兵书,怀抱大志,"有文武材略",每谓所亲曰:"大丈夫若遇主逢时,必当立功立事,以取富贵。"李靖的舅父,是隋文帝时的名将韩擒虎。舅父和李靖谈论战争及兵书时,总是称赞外甥说得对,并拍着他的肩膀说:"可以论孙、吴之术者,唯斯人矣!"

隋朝的重臣元老杨素,对李靖也很赏识,知道李靖才学超凡、前程远大,曾拍着他的座椅,对李靖说:"你最后也会坐到这样的大椅上来。"

杨素在相府接见宾客时,照例有侍婢数人左右伺候。李靖去见杨素几次,他发现其中一位手持红拂的美丽侍女,眉目含情,总爱对他注视。因此,他也动了心,两人不免眉来眼去,相互爱慕。精明的杨素也察觉这种情景,就把红拂女赐予了李靖为妻。

隋炀帝的天下已经接近尾声,李靖认为是时候了,应该另投明主了,于是他带着红拂女,离开长安,奔向太原。

在途中旅店内,他们碰见一位侠客。

此人就是长安人张仲坚,他满面胡须,且须赤而卷曲,爱打抱不平,所以人称他为"虬髯客"。

虬髯客有才略,有大志,他不屑投明主,而想自闯天下,称王称帝。他和李靖一见如故,并且认红拂女为义妹。

最后,他决心和李靖夫妇一起来太原看看形势。他们到了太原之后,李靖即找旧识李世民交谈几次,世民表示,欢迎他们加入。

过了几天,李靖引虬髯客来见世民。一见之后,虬髯客心里暗惊,他觉得李世民虽然才二十出头,但相貌出众,言谈举动,异于常人:真天子也,难与之争雄矣!

后来,他把长安的所有家财,赠予李靖夫妇,说要到海外去创建大业。临行,他说:"此后十余年,东南数千里外有异事,是吾得志之秋。"至贞观中,传言:"有人率领海船千艘,入扶余国,杀其主,自立(为王)。疑即虬髯客。"(《太平广记》卷193《虬髯客传》)

在此期间,李世民和刘弘基等,用最高长官留守李渊的名义,在太原一带招兵买马,露出了准备起兵的意思。"旬日间,众且一万",这样大的声势,惊动了太原军府的长官王威和高君雅。他们就对留守府的武士彟说,打算逮捕主持招兵的刘弘基。武士彟说:不可轻举妄动。刘弘基是留守唐公的部下,他招兵,和李世民招兵一样,都是留守唐公的命令。如果逮捕他,就会给你们带来很大麻烦。他们因此不敢动手。

军府的司兵参军田德平说,他要请王威查办招兵的人。武士彟对他说:现在,大权都在唐公手里,王威有多大本事?你不要自找麻烦,少管闲事为好。田德平打消了原意。

这两事,记在《资治通鉴》上面。实际上武士彟积极支持李渊父子起兵的事还有很多。从此武、李关系又加深了一步。

617年五月,晋阳乡长刘世龙告密,说王威与高君雅定计,故意请李渊到晋祠主持求雨仪式,而加以杀害。李渊父子即决定将计就计。五月十五日,李渊欣然应邀,来到晋祠,和王、高二人一齐就座。其实,李世民早已把自己部队埋伏在晋祠内外,并解除了王、高的伏兵。同时,司马刘正会出面指控王、高二人谋反,李渊立即下令将其逮捕斩首!随即接收了军府所有武装,宣布起义,李渊自称大将军。

李渊挥军南下,除了在霍县与永济受到较大阻击外,基本顺利进入了陕西。

由于李渊的声望高、政策好,渡过黄河之后,"三秦士庶,至者日以千数"。李渊对前来归附的起义军的首领们,都"随材授用",很得人心,所以,队伍迅速壮大。

李渊把长子李建成及女婿柴绍,都叫回来,各带一支部队。李渊的女儿平阳公主早已在长安西南一个县里组织起一支军队,此时她率部来到渭水附近会师,和丈夫柴绍带的队伍,各立营盘,大家称之为"娘子军"。古时,"娘子"是小姐的意思,娘子是指平阳公主,而不是说她的部队是女子组成的。

617年十月,李渊已"有众二十万"。十一月,李渊轻而易举地拿下了首都长安。

明年(618)三月,隋炀帝在扬州被部下勒死,消息传开后,五月,李渊才在长安称帝,改隋为唐,年号武德。

武士彟跟随李渊西进时,是大将军府的铠曹参军。唐朝建立后,在长安论功行赏,武士彟在二级功臣之列,职位是"右厢检校",即守护皇宫的近卫军将军。

619年,武士彟小儿子死了。620年,其妻相里氏又病死。但是,武士彟并没有因为这两大变故而请假回家,依然勤于职守,在宫城里值班。皇帝李渊知道了,曾用书面表扬,说:"此人忠节有余,去年儿夭,今日妇亡,相去非遥,未尝言及,遗身殉国,举无与比!"(《册府元龟》卷627《忠节》)

李渊不但书面嘉奖他的忠勤,还十分关心他的家事,立意要给他续娶,就吩咐自己的女儿桂阳公主给武士彟物色续弦对象。

桂阳公主的"驸马"杨师道是没落的隋朝贵族,因此,他们就给武士彟找到杨师道的"从妹"（叔伯妹子）杨氏。

这年（620）杨氏已经四十二岁（武士彟四十四岁），她是女居士，似乎不想嫁人了，但现在桂阳公主拿皇帝的命令逼她，她只好做新娘子了。《册府元龟》卷853《姻好》说：武士彟"既丧妻，高祖（李渊）谓士彟曰：朕自为卿更择佳偶。随曰：有纳言遂宁公杨达，英才冠绝，奕叶亲贤。今有女，志行贤淑，可以辅德。遂令桂阳公主与杨家作婚主。降敕结亲，庶事官给"。

由皇帝降敕结亲，又由公主主持婚事，由朝廷负担结婚费用，这样的"殊恩""殊荣"，真是绝无仅有。这里又反映了武、李两家关系的密切，和武士彟为人正派忠诚，深得唐高祖的信赖与敬重。

从此，武家家庭历史，展开了新的一页。

他们620年结婚，621年生长女，623年生次女武曌（则天）。这可不是"大概"，而是可以肯定的，因为《旧唐书·则天皇后本纪》说武则天终年八十三（705），所以，可据以推算出她出生于623年。武、杨二人的结婚年龄，也是根据他们终年岁数推算出来的。我国古代都按虚岁来说。

封建皇朝，皇家内部，因利害冲突，易发生宫廷政变，唐朝也不例外。

李渊的正宫皇后，共生四男一女：李建成、李世民、李元霸、李元吉、平阳公主（第三子早夭，所以旧戏《李元霸》完全是无聊文人胡编的）。

在唐统统一过程中，李世民的功劳最大，被封为天策上将，部下人才最多。李建成是长子，照例要继承皇位；李元吉站在太子建成这边，与李世民对立，形成两派。

两派的矛盾与斗争，十年间，愈演愈烈。

武德九年（626）六月初四早晨，在长安皇宫北门（玄武门）外，两派发生激战。结果，李建成、李元吉被杀，李世民胜利，且成为第二代皇帝，史称"玄武门之变"。

在"玄武门之变"中，武士彟当然站在李世民这边，而且帮了忙，立了功。

策划在太原起兵，夺取天下，武士彟和李世民是一个观点，"英雄所见略同"。其次，李世民一直跟着李渊在太原，武士彟和他父子认识在先，关系较深。而当时建成与元吉都在永济，将起兵时，才应召赶到太原。再则，武士彟是有眼光，有政治抱负，生活作风正派的人，和李世民合得来，而和建成、元吉是合不来的。

特别是玄武门政变后，武士彟的官职发生很大变化，他由"右厢宿卫"军官，出任高级地方长官，官职更大了，地位更高了，这是事实，两《唐书》等也都承认的。

1. 武士彟任扬州副都督

扬州在隋、唐时代都是除了西京（长安）、东都（洛阳）以外，数一数二的重要大城市。扬州设有大都督府,任职者都是李家贵族。前任副都督是著名军事家大将军李靖。

当时的扬州大都督是贵族李孝恭,忽然谣传他对玄武门政变有意见。李世民怕他被人利用,就调他回中央,加以优待。而派李神符去接任扬州大都督,派武士彟任副都督(《旧唐书》卷60《宗室列传》有《河间王孝恭传》及《襄邑王神符传》,他们都是皇家贵族)。

武士彟任扬州大都督府长史(副都督)约两年左右。他在扬州,说是副职,却实际是办事长官。

武士彟大概由于努力自学,有相当的文化程度,且有政治眼光和抱负。他到扬州之后,就努力为国家做了一些好事。比如:整顿吏治,严宽结合,注意发展农业生产,开垦田亩,政绩显著,名声很好。这是新旧《唐书》的编著者,因为对武则天不满,而不愿意记载的。

好在《册府元龟》的编者,还抄录下了一些唐朝的文献。卷677《政能》说:"武士彟,武德末,为扬州都督府长史,开辟田畴,示以刑礼,数月之间,歌谣载路。"

某年,长江的洪水猛涨,扬州对面的丹阳郡被水淹了。武士彟亲自带头,积极救灾,用极迅速的办法,把丹阳百姓和衙门都转移到了扬州。当时的人称赞他敏明能干,肯办事,会办事。《册府元龟》卷690《强明》说:"武士彟,武德末为扬州都督府长史,移丹阳郡于江都(扬州),不日而就,时论以为明干。"《旧唐书》的编者也承认有这件事,却把这事说成是新任都督李神符的政绩。

2. 武士彟调任利州都督

利州在今四川北部广元,地当川陕交通要道,也是军事上的重镇。

《旧唐书》卷39《地理志》山南道条说:"利州,隋义城郡,武德元年,改为利州。"武德二年(619),"置总管府"。"武德七年,改总管府为都督府"。

头几任利州都督是谁?未见记载。但知道贞观元年,一年之内,杀了两个利州都督。一个是李寿,因为举兵反唐;一个是李孝常,潜入京城阴谋搞军事政变。他们是李建成的爪牙。

因此,利州引起了唐太宗的注意,贞观二年,他就从扬州调武士彟来利州当都督。这又说明了唐太宗对武士彟的信任与提拔。

武士彟在利州做都督有五六年之久。他在扬州、荆州,都有显著政绩,在利州做官时间又最长,可以推知其政绩也是最多的。然而两《唐书》没见记载,只见《攀龙台碑记》说前任都督被诛后,"余党分窜,劫掠未息",武士彟"招亡缉叛,循抚老弱",治绩显著。

扬州是有名的好地方。诗人说："天下三分明月夜，二分明月在扬州"，"几人骑鹤上扬州"？武士彟的家属，很可能到了扬州。利州虽不出名，但任期最久，且一千多年后的今天，还有纪念武则天的遗迹，所以肯定武则天母女也是到了此地，并且还住了几年的。

现在，四川广元嘉陵江畔，有皇泽寺，有石刻武则天像，有碑记，附近还有则天乡。这应该是武则天当了皇帝之后才有的，"皇泽"的"皇"应该是指这位女皇。

《太平广记》卷 224 有一条说著名相士袁天纲路过利州时，曾被邀至都督府给武则天看了相，说她可以当皇帝。《旧唐书·袁天纲传》也有同样的记载。这显然是女皇出现之后，才编造出来的迷信传说。但是这传说也可以作为贞观初年武士彟全家都在利州的旁证。

武士彟调任利州是贞观二年，628 年。

武则天出生于 623 年，所以这年她已经虚岁六岁了。可见，武则天并没有出生于利州，怎么说也不可能生于四川利州。

3. 武士彟调任荆州都督

《旧唐书·地理志》山南道利州条又说："贞观六年，罢（利州）都督府。以州当剑门，户不满万，移为中州，又降为下州。"

贞观六年（632），撤销利州都督府，因此，武士彟调为荆州都督。

武士彟在荆州当都督，约三年，也做出了很多成绩，大致是严行法治、为民除害、垦田亩、兴水利等等，因此，当时荆州境内有"白狼嘉禾之瑞"，唐太宗听闻之后，还特别下手敕褒奖他（见于《册府元龟》卷 681《感瑞》）。

约三年，贞观九年（635），武士彟病死于荆州都督任上，终年五十九岁（577—635）。此年杨氏五十七岁。

二姑娘武曌此年十三岁。

总之，武士彟早期是文水县的农家子，自己卖过豆腐，卖过木材。三四十岁时是太原军府的小军官。这些都和武则天没甚关系，因为她还没有出生。

所以，学者有不少文章说武则天的家庭成分是木材商人，又说古时商人地位低贱，故别人指责她门第"寒微"。这种说法都是"皮相之谈"，是不严格、不科学的，不能成立。

武则天成长在她父亲身边有十三年之久。这十三年间，她父亲是四十多岁的皇宫近卫军将军和五十多岁的州都督，她母亲是将军夫人、都督夫人，这是一个新兴的官僚家庭。

所以,应该说:武则天的家庭出身是高官都督,她是唐朝新贵都督老爷的女儿。

武士彟,头脑灵活,会想办法,会办事,肯经营,为人正派,特别是在政治上有眼光、有抱负、有胆略、有进取精神,九年都督,卓有政绩,是个政治家。

第四章
青少年时期

一、入宫以前

武则天随从父亲武都督住在利州,自六岁起,有五年之久;加之,她后来成了真正的皇帝,达十五年之久;因此,利州关于武则天的遗迹和神话传说独多。

上古以来,中国人特别喜欢龙,尊敬龙,说中国人是龙的子孙,现在还自称为"龙的传人"。1988年,是农历戊辰年,辰属龙,许多已婚青年,希望于龙年生龙子。报纸上说1989年的春节前,有一些夫妇,明知胎儿还不足月,却特意到医院来,要求赶在龙年内剖腹产,产个龙子。

我国古来又传说,贵为一国之尊的称他万岁爷、万寿无疆的天子,是特殊的群龙之首的"龙种"。

例如,原是地方"无赖"的刘邦,后来成了汉朝的开国皇帝时,他竟好意思编造听人们传说:从前,他父亲曾看见神龙从大泽中出来,和他母亲交配,因而怀孕生下了他。汉代人司马迁的名著《史记》卷8《高祖本纪》开头就有这样的记载。

武则天是女人,是老妇,她怎么会当上皇帝呢? 对这问题,从古到今,千多年来,很多人无法解释,只有个别聪明人能做出答案。他说:利州城外不是有条嘉陵江吗? 江中有个黑龙潭,潭中有条乌龙,那是神龙啊! 有一天,武都督的夫人乘船游到潭边,惊动了神龙,它即跃出,和夫人相戏交配,夫人因此怀上了龙种(则天皇帝)。

这神话,一传十,十传百,百传千,至少在此后二百多年间,传讲不绝。

例如,唐朝晚期,著名诗人李商隐在嘉陵江上乘舟到利州时,听到这一传说,就写了一首七律,生动地描画了神龙和夫人交配的情状。

诗题是《利州江潭作》,题下自注五个字"感孕金轮所"。即武夫人怀孕金轮圣神皇帝武则天处。诗曰:

> 神剑飞来不易销,碧潭珍重驻兰桡。
>
> 自携明月移灯疾,欲就行云散锦遥。
>
> 河伯轩窗通贝阙,水宫帷箔卷冰绡。
>
> 他时燕脯无人寄,雨满空城蕙叶雕。

"明月"指龙之双目,"行云"指交配。

北宋太平兴国年间编的《太平广记》卷224《相四》有一则引自《谭宾录》的关于武则天儿童时期在利州的故事。原文如下:

　　武士彟之为利州都督也，敕召袁天纲诣京师，途经利州。士彟使相其妻杨氏。天纲曰："夫人骨法非常，必生贵子。"遍召其子，令相元庆、元爽，曰："可至刺史，终亦屯否。"见韩国夫人，曰："此女夫贵，然不利其夫。"

　　武后时衣男子之服，乳母抱于怀中。天纲大惊曰："此郎君男子，神彩奥澈，不易知。"遂令后试行床下，天纲大惊曰："日角龙颜，龙睛凤颈，伏羲之相，贵人之极也。"更转侧视之，又惊曰："若是女，当为天下主也！"

二、入宫以后

武则天从小就不是"省油灯",出生于长安,家庭富贵,身体健康,活泼好动,聪明好学。有九年时间,是在各地都督府里度过的。她的双亲,尤其父亲,都督的一言一行,必然对她会有一定的影响和家庭教育作用。后来,武则天对国家政治有兴趣、有眼光、有才能,而且爱骑马射箭,能文能武,成为杰出的政治家,不能说和其父无关。

1. 后宫才人

如前所述,武、李两家的关系,一步比一步深。唐太宗李世民认为武士彟不仅是好友,而且是太原起兵的功臣之一,玄武门政变胜利的得力助手(在武将军的带动下,近卫军官兵都站到李世民这边来了),又是治理地方的能臣。所以,一听武都督在荆州任上逝世,就命令名将老臣、并州大都督李勣,在太原文水为他主办丧事,丧葬费由国库支付。十多年前,武、杨二人的结婚费用也是由政府负担。这样的殊荣,在唐朝及各朝,都是罕见的,可见两家关系很不简单。

因此,唐太宗对老友功臣的家属,特别关心,也给以特殊照顾。第二年,即贞观十年(636),就召武则天入宫为才人。唐朝制度,各朝都有才人数名,主要管音乐及制作歌词,助理宫廷宴会。才人只是能文能武的高级宫女,并非妃嫔。

所谓能武,是说既能骑马,还会射箭。每当皇帝、皇后出外时,才人们就戎装佩箭,在仪仗队后,在车驾前头,左右分列,气概昂扬,好像娘子军。箭法好的,还想借此良机,一显身手。诗圣杜甫有诗句说道:"辇前才人带弓箭,白马嚼啮黄金勒。翻身向天仰射云,一笑正坠双飞翼。"唐人卢纶的《宫中乐》也说"行遣才人斗射飞"。

《旧唐书》编者说:"则天年十四,太宗闻其美容止,召入宫,立为才人。"《新唐书》的编者干脆说:"太宗闻女美,召为才人。"

不错,武则天长得好看,国字脸儿,五官端正,两道蛾眉下面,双目炯炯有神。但是,说唐太宗召她入宫是因为她长得美丽,则不过是腐儒的庸俗见解和皮相之谈罢了。

2. 欣然进宫

在封建时代,女儿被选为皇后或妃子,父亲会封官或升官,娘家会得到许多好处,所以父母还是愿意的,引以为荣的。但是,如果仅仅是被选为宫女或女官,则父母沾不到多少光;而且宫门一入深如海,从此姑娘永别离,简直永远见不上一面。因此,武则天的母亲接到太宗谕旨,宣召二姑娘入宫为宫女时,就泪流满面,失声痛哭。然而,武则天却不以为然,反倒泰然自若地安慰母亲说:"妈妈不用伤心,女儿这回入宫,能

23

见到和父亲有交情的天子,说不定还是咱们的福气啊!"这件小事,反映出她在少女时期,就不是羞怯胆小,而是别有见识,别具气魄。

3. 练习骑射与制服烈马

武则天在皇宫,正是青春时期。她身体健康,意气风发,性格好动;加上宫中条件又好——有马、有箭、有地方,所以她的日常活动,主要是练习骑马射箭,跃马弯弓,对着枝叶,或瞄准飞鸟。其次才是张罗宴会或制作乐章。

武则天不仅善骑马,且善于制服烈马。

《资治通鉴》卷206记录了一件武则天当才人时候的活动。据说,唐太宗有一匹马,名叫狮子骢,身躯高大,性情凶野,没有人能制服它。二十多岁的才人武则天却对唐太宗说:我能制服它,不过需要三件东西:一是铁鞭,二是铁槌,三是匕首。如果铁鞭击之不服,就用槌击其首,又不服,则以匕首断其喉!太宗听了,壮其胆略。这是武则天七十八岁的时候亲口说出来的。当时有个叫吉顼的大官,在武则天跟前敢说敢道,竟到了狂妄的程度,触怒了则天。一日,他正在得意忘形,援古引今,滔滔不绝的时候,武则天打断了他的话,说:你所说的,我都听腻了,不要啰嗦!接着武则天讲了上面那件制服烈马的故事,并且厉声说:"今日,卿岂足污朕匕首耶!"这时,强梁如吉顼也吓得失色流汗,赶忙跪下求饶。

说到武则天制服烈马的气魄,令人又联想到"辇前才人带弓箭"的英武形象。

4. 乐章制作

武则天在唐太宗宫里为才人,共十四年,是她从十四岁到二十七岁的青春时代。由于其较低的才人地位以及其他缘故,史书上几乎没有她这一时期的记载。清朝康熙年间编的《全唐诗录》,没有武则天的作品,现在只见《全唐诗》(康熙四十五年成书)第五卷里有武则天作的乐章多首,其中的《唐享昊天乐》十二首、《唐明堂乐章》十一首,好像是武则天为才人时由于职务上的要求而写成的作品。乐章都是配合庙堂音乐的歌词,特点是歌功颂德,典雅堂皇。例如其中的《皇帝行》一首云:

> 仰膺历数,俯顺讴歌。
>
> 远安迩肃,俗阜时和。
>
> 化光玉镜,讼息金科。
>
> 方兴典礼,永戢干戈。

但是上述两部乐章的制作年代很难肯定,作为武则天为才人时期的作品还是有问题的。例如比较原始的史料，即《旧唐书》卷30《乐志》关于这两部乐章的标题就稍有不同：其一是"则天大圣皇后大享昊天乐章十二首（御制）"，又一是"则天大圣皇后享明堂乐章十二首（御制）"（实存十一首）。而且从"昊天乐章"第一首的内容上看来，不像是给唐天子作的，而像是为周天子（武则天）作的，因为其第一首是：

> 太阴凝至化，真耀蕴轩仪。
> 德迈娥台敞，仁高似幄披。
> 扣天遂启极，梦日乃升曦。

武则天在当才人的青春年代，一定写过不少作品，但由于宫禁深沉，当时也是很少流传的。

武则天的著作，现在已经不多了。《全唐文》《全唐诗》《宫闺文集》《中国女文学史》《历代妇女著作考》等书里面有一些，但也有假的。关于武则天的著作，我想放到本书的"附录"里去谈，这里就不多提了。

5. 引起的传说

武则天为才人的时期，相传有过这样的事：据《太平广记》卷215、《贞观秘记》条（原引《感定录》）说：

> 唐贞观中《秘记》云：唐三世后，有女主武王代有天下。太宗密召李淳风访之。淳风奏言：臣据玄象，推算已定。其人已生在陛下宫内，从今不满四十年，当有天下，诛杀子孙殆尽。太宗曰：疑似者杀之，何如？淳风曰：天之所命，必无禳避之法。王者不死，枉及无辜。且据占已长成，在陛下宫内为眷属。更四十年，又当衰老，老则仁慈，恐伤陛下子孙不多。今若杀之，为仇，更生少壮，必加严毒，为害转甚。遂止。

《太平广记》卷224《相四》"李淳风"条（原引《定命录》）又说：

> 武后之召入宫，李淳风奏云："后宫有天子气。"太宗召宫人阅之，令百人为一队。问淳风，淳风云："在某队中。"太宗又分为二队，淳风云："在某队中，请陛下自拣择。"太宗不识，欲尽杀之。淳风谏："不可，陛下若留，虽皇祚暂缺，而社稷延长；陛下若杀之，当变为男子，即损灭皇族无遗矣。"太宗遂止。

后来司马光等作《资治通鉴》的《唐纪》时，也采用了这一传说，把它写在贞观二十二年七月，并且说：

> 时太白屡昼见，太史占云："女主昌。"民间又传《秘记》云："唐三世之后，女主武王代有天下。"上恶之。会与诸武臣宴宫中，行酒令，使各言小名。君羡自言名"五娘"。上愕然，因笑曰："何物女子，乃尔勇健！"又以君羡官称封邑皆有"武"字（李君羡是左武卫将军、武连郡公，籍贯武安，宿卫玄武门），深恶之。后出为华州刺史。有布衣员道信，自言能绝粒，晓佛法。君羡深敬信之，数相从，屏人语。御史奏君羡与妖人交通，谋不轨。壬辰，君羡坐诛，籍没其家。
>
> 上密问太史令李淳风："《秘记》所云，信有之乎？"对曰："臣仰稽天象，俯察历数，其人已在陛下宫中为亲属……"上乃止。（《资治通鉴》卷199）

我们知道《资治通鉴》是有很高的史料价值的，因为它正如《四库全书总目提要》（卷74）《通鉴考异》条所言："其间传闻异词，稗官既喜造虚言，正史亦不皆实录；光既择可信者从之，复参考同异，别为此书，辨正谬误，以袪将来之惑。"这就是说，他们当时是考查了许多不同的材料才写下《资治通鉴》和《通鉴考异》的，所以它的记载是比较可靠的。

比《资治通鉴》更早的史书《旧唐书》卷69《李君羡传》，也记载着这件因迷信杀人的事。原传不长，全文如下：

> 李君羡者，洺州武安人也。初为王世充骠骑，恶世充之为人，乃与其党叛而来归，太宗引为左右。从讨刘武周及王世充等，每战必单骑先锋陷阵，前后赐以宫女、马牛、黄金、杂彩不可胜数。太宗即位，累迁华州刺史，封武连郡公。
>
> 贞观初，太白频昼见，太史占曰："女主昌。"又有谣言："当有女武王者。"太宗恶之。时君羡为左武卫将军，在玄武门。太宗因武官内宴，作酒令，各言小名。君羡自称小名"五娘子"，太宗愕然，因大笑曰："何物女子，如此勇猛！"又以君羡封邑及属县皆有"武"字，深恶之。会御史奏君羡与妖人员道信潜相谋结，将为不轨，遂下诏诛之。天授二年（691，武则天刚做皇帝），其家属诣阙称冤，则天乃追复其官爵，以礼改葬。

《旧唐书》是五代时后晋开运二年（945）成书的，是现存最早的唐朝"正史"。它主要是根据唐朝实录写成的，很有原始材料的价值，这是它比《新唐书》可贵的地方。因为更原始的唐代实录,除《韩愈集》中有顺宗一朝的片断之外,现在已经看不见了。

我们应该怎样认识这件事呢?我认为:李君羡因和妖人"潜相谋结"而被处死,这是事实;但说是由于他的封邑及属县等都有"武"字,这恐怕是后来他的家属为了向武则天诉冤以达到追复官爵之目的而有意制造出来的。因为根据太白星昼见就能占出是"女主昌"的说法,以及"女武王"的谣言,都是武则天做了皇帝之后,后代人才能附会出来的,所以那传说根本不可靠。再说,唐太宗是相当英明的君主,即使当时就有"女主昌"的说法,他也好像不会紧张到那样,甚至因此就疑忌自己的将军,最后还把他杀掉。

其次,这些记载,本身也有矛盾之处。比如:《旧唐书·李君羡传》说这是"贞观初"的事情,其时武则天尚未入宫。《资治通鉴》说这事在贞观二十二年,此时武则天为才人已十三年。《太平广记》所根据的两书的说法也不一致:《感定录》说是由于《秘记》说:"唐三世后,有女主武王代有天下,太宗密召李淳风访之",李淳风说:"其人已长成在陛下宫内为眷属。"而《定命录》则说武则天一入宫,李淳风就奏云:"后宫有天子气……"该书并且说:因此唐太宗还在宫里搜查了一番,把宫人分为若干队,李淳风能指出她在某队,而唐太宗则分辨不出是谁。按当时宫中"才人"最多不过九人,而武则天是以才貌出众而被太宗召入宫中的。不管"女主武王"的谣言是在贞观初年还是二十二年,如果真的检查起来,其实不用检查,武则天首先就会被提上记忆而被认出来的。

总之,这些都是迷信、没有根据的谣传,也不可能发生于唐太宗贞观年间,而一定是武则天称周帝前后附会出来的。但是它也说明了这样一个问题,那就是:武则天为皇帝是令人惊奇的事,而当时的人受历史条件所限制,不可能从社会背景上去作科学的分析(马克思列宁主义诞生之前,中外古今都如此,不能对历史事件进行唯物主义的分析),因而只能用"天命"等迷信和唯心主义观点来解释。

6. 青年武则天在宫中的游乐活动

武则天自十四岁入宫当才人,至二十七岁出宫当尼姑,在宫中生活、活动,达十四年之久。

她首先要完成才人分内的工作,例如写歌辞、安排音乐队、张罗酒宴。其他时间,她就看书,写字,骑马射箭,以及参加宫中的各种游乐活动。例如:

正月十五元宵节,这是我国重要的传统节日。全国大小城市,此夜都悬灯结彩,游人挤拥。当时的唐朝首都长安更是特别热闹。

唐人韦述的《西京新记》说长安、洛阳"正月十五日,夜来金吾弛禁(街口警卫撤走），前后各一日，以看灯"。唐人刘肃的《大唐新语》说：女皇与中宗的"神龙之际，京城正月望日，盛饰灯彩之会。金吾弛禁，特许夜行。贵人戚属，及下隶工贾，无不夜游。车马骈阗，人不相顾。王公之家，马上作乐，以相夸竞"。《资治通鉴》卷209说：中宗景龙四年正月上元夜，"中宗与韦后微行，观灯于市里，又纵宫女数千出游，多不归者"。

可见长安元宵节之热闹及其对宫廷诱惑力之强烈。

宫中平时和节日都有各种游乐活动，例如：

（1）**舞蹈** 唐代的汉族青年男女，也和现在的少数民族一样，很爱舞蹈的。《宋书·良吏列传序》说："方内无事……家给人足……几百户之乡，有市之邑，歌谣舞蹈，触处成群。"南朝刘宋如此，盛唐必然过之。

青年武则天，先是都督府小姐，后是皇宫的才人，必然爱好且擅长舞蹈。

唐人段安节著《乐府杂录》说："舞者，乐之容也。有大垂手、小垂手，或如惊鸿，或如飞燕。婆娑，舞态也；蔓延，舞缀也。古之能舞者，不可胜记。有健舞、软舞、字舞、花舞、马舞。健舞曲有《棱大》《阿连》《柘枝》《剑器》《胡施》《胡腾》；软舞曲《凉州》《绿腰》《苏合香》《屈柘》《团圆旋》《甘州》等。"

（2）**荡秋千** 高元际所作《秋千赋》之序文说，最初，秋千是汉武帝后庭的一种游戏。后代，宫中、民间女子，都爱荡秋千，唐朝也不例外。杜甫的《清明》诗有句云："万里秋千习俗同。"

（3）**拔河** 唐代的拔河游戏，唐人封演写的《封氏闻见录》卷6说得很详细，简直和现代的拔河一样。

《资治通鉴》卷209说：中宗景龙三年二月，唐中宗至玄武门（宫中北门），与近臣观宫女拔河。明年二月，唐中宗至梨园球场，命令文武官员三品以上大官踢球。踢完球后又分队拔河。韦巨源与唐休璟皆衰老，随绳倒地上，久久不能起来，中宗与韦后及妃主临观大笑。

《唐语林》卷5《补遗》说：拔河有时参加者至千余人，喧呼动地，蕃客士庶观者无不震骇。

（4）**摔跤** 摔跤古称角力、角抵、相扑（日本至今仍称相扑），唐代盛行于民间及宫中，"壮士裸袒相搏而角胜负"。

调露子著《角力记》说，荆楚之间，从正月至五月，都有角力之会。胜者，社出物赏之，彩马拥之而去，观者为堵。

令人惊奇的是，唐朝妇女中也有摔跤大力士，女角力士袒胸露腿进入赛场，在战鼓声中，迎战男力士。

晚唐,号称"勇而多力"的皇家摔跤队员张季弘,竟被一位山村女力士的高超技艺与力气,吓得不敢交手,"流汗神骇,阖扉假睡"。

(5)**击球** 人骑马上,手执月牙形球杖击球,又称打马球。两队在平整的球场上,以打入对方球门的球多少分胜负。

唐朝不仅许多文武官员喜欢马球,连皇帝,自唐高宗以后,十多代皇帝及皇族都打马球。武则天年轻又善于骑马,很有可能参加此项活动。

唐代中期,兴起了适合于妇女的以驴代马的驴球。这在宫中特别流行,打法和比赛马球一样。

(6)**其他** 其他游乐活动,宫中也不少于民间。例如:围棋、象棋、弹棋、投壶、藏钩、双陆、抛球戏、龟背戏、叶子戏(不是后代的打纸牌)、春游、郊游、赏花、斗百草、放风筝、斗茶、行酒令、斗鸡、龙舟竞渡、乞巧、赏月、登高等等。

这里说说唐朝围棋。

围棋发展到唐代,已相当完备。棋盘上纵横十七道线,二百八十九个交叉点(现代的棋盘是纵横十九道线,三百六十一个交叉点)。棋子圆形,分黑、白二种,两人对弈,执黑子的先行。以围困对方、吃子多少定胜负,故称围棋。至宋代已有论述围棋的专著,例如徐铉的《围棋义例》。

唐朝,皇帝、贵族、文武官员,都喜下围棋,唐明皇(玄宗)有"棋待诏"数人,专门陪他下棋。安史之乱爆发,先陷洛阳,危及长安,唐玄宗率众西逃入蜀,仓惶中还没忘记带上棋待诏王积薪。

唐人冯贽写的《云仙杂记》卷6说:王积薪"每出游,必携围棋短具,画纸为局,与棋子并盛竹筒中,系于车辕马鬣间,道上虽遇匹夫,亦与对手,胜则征饼饵牛酒,取饱而去"。

唐朝盛传:王积薪入蜀途中,某夜听见房东婆媳二人在床上以口代手落子弈棋,因此学得了"盲棋"弈法。现代只有高手才能闭目下棋。

第五章
为皇后时期

一、唐高宗李治

654 年(永徽五年),武则天由感业寺的尼姑成了唐高宗(李治)的妃子。明年,就被高宗立为皇后。

唐高宗李治是唐太宗的第九子,他在十六岁之前,还没有成为太子,只是一个皇子。他十六岁的这年,即 643 年(贞观十七年)四月,唐太宗发现了一件最使他痛心的事件,就是原来的皇太子(李承乾)害怕自己的弟弟(太宗极宠爱的一个皇子:魏王李泰)会夺去他的皇位继承权,竟准备用武力发动政变,提前登上皇帝宝座,因此废皇太子承乾为庶人,杀其党羽,并废魏王李泰。一世英雄的唐太宗因为此事,曾痛心到想自杀。他和元老大臣长孙无忌、房玄龄、李勣、褚遂良等商议后,决定立皇子晋王李治为皇太子①,并得到了六品以上文武大臣的同意,他们异口同声称赞皇子李治有"仁孝"的优点。《旧唐书·高宗本纪》说李治"幼而岐嶷端审,宽仁孝友"。说李治为皇子时,就对《孝经》有特别深刻的体会。比如,有一天,太宗问他:《孝经》里面的话什么是最重要的呢? 他回答说:"夫孝,始于事亲,中于事君,终于立身。君子之事上,进思尽忠,退思补过,将顺其美,匡救其恶。"太宗听罢很高兴地说:"行此,足以事父兄,为臣子矣。"他的生母(长孙皇后)去世时,他特别伤痛,"哀慕感动左右,太宗屡加慰抚,由是特深宠异"②。

645 年(贞观十九年,李治十八岁,已为太子),太宗征高丽后,从辽东回来,路过并州城(今太原市晋源镇)③。太子李治由定州跟随至并州,因太宗患痈,李治在途中就亲给太宗吮痈,并且扶着太宗的车子,徒步跟了好几天。648 年(贞观二十二年),李治主持为其亡母长孙皇后建成了慈恩寺(在今西安城内东南角)。又如为帝之后,亲拜昭陵(太宗夫妇墓),屡次痛哭扑地④。这些事实说明,李治真是一个孝子,并有以身作则"以孝治天下"的思想。

高宗虽然生长于深宫之中,又以仁孝见称,但他并不是懦弱无能、只知一味顺从的人。唐太宗做皇帝时,"威容严肃",令人害怕,所以百官进见,往往心情十分紧张,甚至举止失措。他若生起气来,当然就更可怕了。有一次(大概是贞观十八年,即李治当太子的第二年),苑西监官有了过错,唐太宗大怒,下令就在朝堂斩首。太子李治

---

① 《唐大诏令集》卷 27 有《立晋王为皇太子诏》。

② 《旧唐书·高宗本纪上》。

③ 刘大鹏《晋祠志》卷 40(手写本)"驾幸晋祠"条云:"太宗贞观十九年乙巳冬十二月,驾至并州,驻跸晋阳宫。明年丙午春正月,幸晋祠,谒唐叔虞之神,御制碑文及铭,亲书刻石,并书碑额,竖于祠下。"按太宗此碑,现犹存晋祠。

④ 《唐会要》卷 20"亲谒陵"条。

立即"犯颜进谏,太宗意乃解"。大臣长孙无忌大加称赞,他说:"自古太子之谏,或乘间从容而言。今陛下发天威之怒,太子申犯颜之谏,诚古今未有!"①太宗对太子李治的教育,也非常认真:太宗曾对侍臣说:"朕自立太子,遇物则诲之:见其饭,则曰:'汝知稼穑之艰难,则常有斯饭矣。'见其乘马,则曰:'汝知其劳逸,不竭其力,则常得乘之矣。'见其乘舟,则曰:'水所以载舟,亦所以覆舟,民犹水也,舟犹君也。'见其息于木下,则曰:'木从绳则正,后(皇帝)从谏则圣。'"②这些话,都是唐太宗从历代农民起义,尤其是从隋末农民大起义给予统治阶级的经验教训中,深刻体会出来的,而唐高宗也应该是有所认识的。并且唐太宗常在国家政事的实际处理中,锻炼太子李治:唐太宗坐朝理政时,常叫太子在旁边见习,或让他参加意见。对于李治的政治才能,唐太宗也屡次加以称赞。

649年(贞观二十三年)五月,唐太宗病卒。六月,太子李治(二十二岁)继位,成为唐朝第三代皇帝(死后庙号高宗)。

唐高宗第一个年号是永徽(共六年,650—655)。这些年里,唐高宗对政治很努力。比如罢猎、禁献鹰隼及犬马、祭农神、躬耕耤田(我国古代皇帝表示提倡农业生产的一种仪式)等等。即位之后,高宗就每日召见诸州长官十人(当时还没有近代的省长),"问以百姓疾苦及其政治"③。他对诸州长官说:朝廷措施有不便于百姓的,都报上来;政令有不妥善的,都封奏回来。辅佐唐高宗的得力大臣,是太宗朝的老臣褚遂良和长孙无忌(高宗的舅父)。"故永徽之政,百姓阜安,有贞观之遗风"④。这几年内发生的大事是:永徽二年(651),西突厥反唐,进扰西部边境;永徽三年(652),太宗之女高阳公主夫妇等谋反,永徽四年(653)被诛。

总之,根据各书所记史实看来,从十六岁为太子,到二十二岁做皇帝的唐高宗,既不是昏庸无能之主,也不是荒于酒色之君。他智力如常人,能辨别是非,而且是有勇气、有见识的人。他曾随从太宗学习,也通晓国政,左右也没有奸佞的文武或宦官在蛊惑他,当权而有地位的都是贞观旧臣。高宗留心政治,能想百姓疾苦,虽然生长深宫,缺少战场锻炼,本人也不具备太宗那样的文武全才,但是从即位到立武则天为皇后的六年之间,全国政局,有"贞观遗风",是可以相信的⑤。

---

① 《贞观政要》卷2《纳谏》。
② 《资治通鉴》卷197。
③ 《资治通鉴》卷199。
④ 《资治通鉴》卷199。
⑤ 两《唐书》的作者所以对唐高宗不满,作了讥评,问题都在于立武则天为皇后这一件事情上。旧史评语,极不公平,以后再驳。

二、重入后宫为高宗之妃

　　唐高宗的皇后王氏（山西祁县人）和高宗感情不太好，又无子，而淑妃萧氏有宠，二人就发生矛盾，很不和睦。据说，王皇后知道高宗从前当太子时候已经和武则天相爱，又见高宗到感业寺烧香，两人相见时，则天流泪，高宗亦泣①。王皇后为了和萧淑妃斗争，她发现武则天是萧淑妃的有力的敌手，就劝高宗接武则天入宫。高宗和武则天正抱着这种愿望，当然都同意了。于是武则天出寺还俗，结束了数年的尼姑生活，重入后宫，时间应该是在永徽三年（652），即为尼姑的第四年。这年武则天三十岁。这在武则天一生中，是个极重要的转折点。

　　唐高宗永徽五年（654）离太宗之死，已有六年，高宗为太宗守制居丧的日子，早已满了，又有王皇后等的鼓励，这年三月，高宗就正式把已经迎入宫中的武则天升为妃子，封为昭仪（为"六仪"之一，位次于贵妃）。从此，武则天大受宠爱，萧淑妃反而又联合王皇后来合力攻击武氏，但是高宗不听，而对皇后和淑妃反而更加冷淡。不久，且欲升则天为宸妃（与萧淑妃平等）。大臣韩瑗与来济谏阻说：自来无宸妃名称，于制度不合。高宗只得作罢②。

---

　　① 《唐六典》卷4说，每逢"国忌日"（前皇逝世日），皇帝要到国立寺观"行香"，和尚尼姑、道士道姑、文武五品以下、清官七品以上，皆参加。

　　② 《旧唐书·则天皇后本纪》说，曾经升为宸妃，今从《通鉴考异》，但为提前数月。

三、升为皇后与两派的斗争

经过三四年的共同生活,唐高宗对武则天的爱情更加巩固与发展,对武则天的才能也更加理解与敬慕。因此,高宗越发不愿让她屈居于昭仪或贵妃的地位了。而且王皇后多年无子,武则天却刚生下了第一个男孩(李弘),这就使得唐高宗更有理由、更有决心,要把武昭仪升为皇后了。如果要这样做,唐高宗知道,首先要得到元老重臣,同时又是自己舅父的宰相长孙无忌的支持。永徽五年(654)十二月,唐高宗特意带武则天和她的儿子到长孙无忌的公馆去玩,和长孙无忌及其家人"酣饮极欢",并在席上封长孙无忌的宠姬生的三儿子为朝散大夫,又载十车的绸缎锦绣及金玉贵物赐给长孙无忌。于是慢慢谈到武则天生了男孩,王皇后不生孩子的话题上。长孙无忌心里明白:这是皇帝想废王皇后而代以武则天,就故意不把话接下去,而拿别的话来应对,暗示了老臣坚决不同意立武氏为皇后。

明年,即永徽六年(655),武则天三十三岁,大致从一月到十月,唐朝大臣之间,就形成两派,围绕着易后问题展开了斗争。一派以长孙无忌、褚遂良为首,反对立武则天为皇后;另一派以李𪟝、许敬宗为首,赞成立武则天为皇后①。

这年(655)九月,两派的斗争,发展到了非常尖锐的程度。一天,唐高宗召长孙无忌、褚遂良、李𪟝、于志宁四位元老重臣入内殿商议。褚遂良在外面就猜着了唐高宗召见的目的是决定易后问题,因此他对长孙无忌说:今天的召见,多半是皇后问题。皇上好像主意已定,谁再反对,就有性命危险;但是咱们还是要反对到底。咱们要豁出老命来,坚持主张:王皇后不能废,武昭仪不能升。不过,你是国舅又是功臣,今天不能让皇上有杀国舅和功臣之名,唯有我褚遂良没有这些顾忌,应当由我犯颜直谏②!他是一位十分保守的忠臣。这天,大臣李𪟝却故意托病不去。长孙无忌和褚遂良到了内殿,唐高宗面对着长孙无忌说:"皇后无子,武昭仪有子,今欲立昭仪为后,何如?"褚遂良就说:"皇后名家(之女),先帝为陛下所娶。先帝临崩,执陛下手谓臣曰:'朕佳儿佳妇,今以付卿。'此陛下所闻,言犹在耳。皇后未闻有过,岂可轻废!臣不敢曲从陛下,上违先帝之命。"经过一番争论,这天,君臣又是不欢而散。第二天,高宗又召他们再议。褚遂良又说:"陛下必欲易皇后,伏请妙择天下令族,何必武氏!武氏经事先帝,众所具知,天下耳目,安可蔽也!万代之后,谓陛下为如何!"褚遂良越说

---

① 李𪟝即名将李世勣,也就是当年瓦岗寨中的徐世勣。武德初年归唐时,唐高祖即赐姓李氏。永徽元年,避太宗(世民)之"世"字,单名勣。《旧唐书》卷67有传。

② 《资治通鉴》卷199。

越激动,竟拼着老命说,不干了:"臣今忤陛下,罪当死!"因置笏于殿阶,解巾叩头流血曰:"还陛下笏,乞放归田里。"这简直是倚老卖老在皇帝跟前发脾气了。所以高宗"大怒,命引出"①。第三天,韩瑗入宫涕泣苦谏,后来又上疏力谏,高宗都不听。这时,皇宫里面"女将"们的斗争,也越来越激烈。王皇后和萧淑妃联手进攻武则天,但武则天也不是孤立的,一年来她的才能已使她在宫里有了群众基础。

唐高宗的苦恼越来越深刻,但是经过几次思想斗争之后,决心也越来越坚定。过了些日子,李勣主动入见的时候,高宗故意问道:"朕欲立武昭仪为后,遂良固执以为不可。遂良既顾命大臣,事当且已乎?"李勣说:"此陛下家事,何必更问外人!"②李勣看清了整个战局的形势,巧妙地表达了他的赞成立武则天为皇后的意思,并且提出"家事"二字,使高宗在思想认识上提高了一步,因而下了最后的决心。当时拥护武则天为后的,绝不止李勣一人,他们这一派,大概多有"家事"的论调。比如大臣许敬宗就曾在朝中对朝臣们谈论:"田舍翁多收十斛麦,尚欲易妇;况天子欲立后,何豫诸人事而妄生异议乎!"③

许敬宗、李义府、崔义玄等大臣多人,先后上表请立武则天为皇后。

过了几天,已经是十月了,高宗毅然下诏说:"王皇后、萧淑妃谋行鸩毒,废为庶人,母及兄弟,并除名(削官),流岭南。"④王皇后和萧淑妃早已联合起来反对武则天,这几个月,她们和武则天的矛盾斗争也随着外面两派大臣间的斗争,而更加激烈了。王皇后的母亲柳氏和王皇后的舅父柳爽,以及其他外戚,都卷入了斗争的风浪之中。除了互相诟骂,联络外援,柳家还利用"厌胜"等迷信和其他手段,做了一些被认为欲置武则天于死地的恶毒把戏,所以高宗诏书上说:王皇后一派"谋行鸩毒",并把他们作为罪犯而流放于岭南。总之,宫内双方的斗争也日见尖锐,迫使高宗不能不断然走上实行废立的道路了。

既有废,就有立,唐高宗同时就下诏封武则天为皇后,诏书原文说:

> 武氏门著勋庸,地华缨黻,往以才行,选入后庭,誉重椒闱,德光兰掖。朕昔在储贰,特荷先慈,常得侍从,弗离朝夕。宫壸之内,恒自饬躬,嫔嫱之间,未尝迕目。圣情鉴悉,每垂赏叹,遂以武氏赐朕。事同政君之锡,已经八载。必能训范

---

① 以上皆见《资治通鉴》卷199。

② 《资治通鉴》卷199。

③ 《唐会要》卷3,又见《资治通鉴》卷199。

④ 见《资治通鉴》卷200。鸩(音振 zhèn)是一种毒鸟,古人认为拿鸩鸟的羽毛在酒里面划几下,酒就会毒死人。

六宫，母仪万姓。可立为皇后。①

这诏书大意是说：武则天生长大官家庭，出身上层社会，由于才行出众被选入宫里之后，在长孙皇后宫中很有名誉，宫嫔之间，亦和睦相处。高宗当太子时，常在太宗皇帝跟前，也就是常在宫中，所以对武氏早就了解。父皇太宗也赞赏武氏为人，因此早已把武氏赐给高宗了。这在历史上，也不是史无前例，而是有例可援的。正如汉宣帝把宫女王政君赐给太子（元帝），因而生子，继承了帝位一样。而且高宗满二十岁时，即承父皇赐给武氏，现在已经八年，并已生子。所以应当立武氏为皇后。

十一月，在唐高宗亲临之下，命令两位大臣（司空李勣与左仆射于志宁）主持册封武氏为皇后的仪式。这天，文武百官及外国使节都到肃义门朝拜了武皇后，大臣的夫人们则入宫拜见新皇后，这也是史无前例的事。

三十三岁的武则天，终于成了李唐皇朝第三代皇帝的皇后。

唐高宗的诏书，没有提到废王皇后的理由，因为早在同年十月，已经下诏废王皇后为庶人。封建时代，女人处于被压迫地位，不能提出离婚要求，而男人却可以休妻。在儒家的"礼"里面，有七条逐妻的条件，就是所谓"七出"或"七去"，而无子是其中之一，王皇后无子，高宗认为人所周知，所以觉得废后是有充足理由的。后来发展到"谋行鸩毒"，就非废为庶人不可了②。

上引唐高宗的立后诏书说："朕昔在储贰，特荷先慈，常得侍从，弗离朝夕。……圣情鉴悉，每垂赏叹，遂以武氏赐朕。……"

新中国成立前，人们对别人说"先慈"，是指自己已故的母亲，因此，就把高宗诏书上的"先慈"理解为他的亡母长孙后，从而认为是长孙皇后"圣情鉴悉"，早就把则天给了高宗。

然而，这种理解是不正确的。长孙皇后是 636 年（贞观十年）死的，这年高宗才九岁，只是一个皇子，没有当太子。而且九岁的孩子，不会懂得男女爱情，不会对武则天就开始爱慕。虽然事隔二十年了，但许多文武老臣都还在朝中，高宗纵使想一手掩尽天下人耳目，也是徒劳无益的；高宗分明不是疯子，草诏大臣也是用心推敲过诏书词句的，他们绝不会撒那样荒谬绝伦的大谎。

按照"实事求是"的原则，揭露矛盾，分析矛盾，细按史实，参证情理，我们知道，诏书上所谓"先慈""圣情"，都是指唐太宗而言。理由如下：

---

① 立后诏书见于《资治通鉴》卷 200 及宋人程大昌《考古编》卷 7，但各有删节，今合抄之。

② 《大戴礼记·本命》云："妇有七去：不顺父母去，无子去，淫去，妒去，有恶疾去，多言去，盗窃去。"

第一，诏书"特荷先慈"的前面，有一句话，就是唐高宗自己说"朕昔在储贰"。大家知道，"储贰"没有问题是"当太子"的意思。如前所述，据可靠材料说，高宗李治原是太宗的第九子，他当太子是 643 年（贞观十七年）的事，这年他十六岁。这时长孙皇后已经死去七年，只有太宗在。可见，"特荷先慈"，"圣情鉴悉"，明明都是高宗当"储贰"（太子）以后的事，也就是只能是太宗在朝时候的事、高宗十六岁以后的事。所以"先慈"就只能是指唐太宗而言。

古代皇朝，太子别居东宫跟师傅们学习，每天早晚至父母寝殿，问安而退。贞观十七年，唐太宗立李治为太子，贞观十八年，"又尝令太子居寝殿之侧，绝不往东宫"（引起刘洎上书力谏）①。武则天作的《高宗天皇帝谥议》也说：高宗"迨入膺储副，养德春闱，恒侍禁中，问安之道斯极；长居膝下，候色之诚逾励"②。

这两条第一手材料，都说明了高宗当太子时，经常在太宗跟前，甚至居于太宗寝殿旁边，确实有很多的机会和武则天接近。

第二，太宗是他的父亲，能够说是"先慈"吗？完全能够。因为高宗说的"先慈"，不是指亡母，而是"先皇的深爱"的意思。现存最古的字书，是西汉许慎的《说文解字》。《说文》说："慈，爱也。"慈，谓爱之深也。清代的《佩文韵府》《经籍籑诂》收集了许多古代关于慈字的解释和用法。甚至儿女孝爱父母，也可以叫作慈孝。例如《国语》的《齐语》说："不慈孝于父母。"可见"慈"字在古代没有专指母亲。

诏书说"特荷先慈"，实是"特别承蒙先皇的厚爱"之意。

这样，和上一句"朕昔在储贰"就不矛盾了，也就合乎事实了。即是说：当太子之后，承太宗厚爱……把武氏赐给他。这事实已经有八年了。

第三，因为高宗已身为一国之君主，诏书是对下面的臣民发布的，按封建制度说，他绝不会像近代人那样对别人称"先慈"。如果他是需要指长孙皇后或太宗本身而言的时候，他就应该说"先后"或"先皇"。

但是，立后诏书上的意思，不是指他父母本身而言，而是指父皇赐予的深爱，所以对天下臣民说"特荷先慈"，也不至违反封建礼教，不至失掉皇帝的尊严，无损于皇帝的面子。

唐高宗的立后诏书，还可以证明武则天活了八十三岁：旧史都只说武则天十四岁入宫为才人，而没有任何地方记明是在太宗贞观何年。《资治通鉴》才说根据吴兢编著的《则天实录》（今已佚），武则天死时是八十二岁，因而把此事安排在贞观十一年

---

① 见《贞观政要》卷 4。
② 《唐大诏令集》卷 13。

(637)十一月。但是我们知道《旧唐书》的《则天皇后本纪》说,武则天死时(705)是八十三岁,如果参证唐高宗这篇立后诏书,则八十三岁之说,更为可靠。因此,我认为应该比《资治通鉴》的说法,往上推一年,即:636年(贞观十年)春天,十四岁的武则天入宫为才人。这年六月,长孙皇后才病卒。那么,武氏伺候长孙皇后约有半年之久,这就是高宗诏书上说的"誉重椒闱,德光兰掖"的根据。"椒闱"就是班固《汉书》上的"椒房",即皇后所居的正宫。古时皇后宫内,用椒和泥以涂壁,取其温暖芳香,也有多子之意(兰掖,泛指宫廷)。

在封建社会,女儿成了皇后,父母兄弟便成了皇亲国戚,能沾到无比的恩宠,武则天的父母自然也不会例外。武则天为昭仪时,已追封她的父亲(故荆州都督)武士彠为应国公及并州都督;这年立为皇后,就追封武士彠为司空;她的母亲杨氏由应国夫人改封为代国夫人,后来又改为荣国夫人;明年春,又改封武士彠为司徒及周国公(所以后来武则天称帝时取国号为周),不久又封为太原郡王。从这里也反映出了唐高宗对她的喜爱与信赖日见增长,武则天也就日见重要、日见得势。

然而,唐高宗给予武皇后的光荣,还不止于加封她的亡父与生母,而在于使她参与了国家政治。不久便给以最高的信任,让她全权决定国家大事。因为一方面高宗有头痛眼花的顽疾,逐渐厉害,以至不能处理政事;同时武则天的确也具有出众的才能;另外,还有一派比较开明的大臣代表着一种社会势力,在支持着她,这一点待后面再细说。

唐高宗虽然有病,苦于"风眩,头重,目不能视"[①];但以后还活了二十九年,因此武则天为皇后共有二十九年之久。现据可靠的材料证明,武皇后所过的不单纯是普通的后宫生活,而有其更重要的一面,即国家政治生活。她和王皇后一派的斗争问题,也绝不是简单的争宠问题。

当时李唐皇朝中,有一派人拥护唐高宗立武则天为皇后,另一派人则反对。这两派斗争了一年多,到655年十月武则天封为皇后,"拥武派"已经取得了决定性的胜利;可是,两派的斗争还在继续着。"反武派"的首领之一的褚遂良在立武皇后前一个月,已被唐高宗贬为潭州都督。第二年(656)十二月,这一派的韩瑗上疏为褚遂良鸣冤,但唐高宗说:"遂良之情,朕亦知之,然其悖戾好犯上,故以此责之。"[②]指出了褚遂良的罪名,表示了坚决的态度。又明年(657),两派斗争,更加激烈。八月,"拥武派"大臣、侍中许敬宗与李义府控告韩瑗及来济,交结褚遂良为外援,"潜谋不轨"。朝廷

---

① 《资治通鉴》卷200显庆五年。
② 《资治通鉴》卷200显庆元年。

审理了这个重大案件,结果,贬侍中韩瑗为振州刺史,贬中书令来济为台州刺史,而且都终身不让来京朝见。又贬潭州都督褚遂良为爱州刺史,贬荣州刺史柳奭为象州刺史。这是一次给"反武派"的沉重打击。虽然长孙无忌是"反武派"的最大首领,但是武则天和"拥武派",还不敢打到有特殊地位的国舅头上。再一年(659),侍中许敬宗终于告发长孙无忌和别人"司隙谋反",高宗这时十分惊疑,但是许敬宗反复陈说事实和利害,高宗也亲身经历了承乾太子对父皇太宗,以及高阳公主对自己的谋反事件,终于不得不相信了。他悲叹:"我家不幸,亲戚间屡有异志!"一再哭泣之后,终于下诏削去长孙无忌的太尉尊号及封邑,贬为扬州都督,却安置(等于流放)于荒僻的黔州。"许敬宗又遣中书舍人袁公瑜等诣黔州,再鞫无忌反状,至则逼无忌,令自缢。诏柳奭、韩瑗所至斩决。使者杀柳奭于象州。韩瑗已死,发验而还。籍没三家,近亲皆流岭南为奴婢。……长孙氏、柳氏,缘无忌、奭贬降者十三人。……于志宁贬荣州刺史,于氏贬者九人。自是政归中宫矣。"①

两派经过了五年间的斗争,通过这次"反武派"遭到了彻底的打击,才基本上结束。从此皇后和"拥武派"的政治地位完全巩固了。

---

① 《资治通鉴》卷 200 显庆四年。

四、并州之行

显庆五年(660,则天三十八岁)二月,武皇后和唐高宗由东都来到了并州。"三月丙午,皇后宴亲戚故旧邻里于朝堂(原注:天子行幸所至,皆有朝堂),妇人于内殿,班赐有差。诏:'并州妇人年八十岁以上,皆版授郡君(原注:四品或五品)。'"①古太原城(今晋源镇)是李唐皇朝起家的"发祥地",高宗当太子时曾随从太宗来过;太原府管下的文水县,如今却是武皇后的娘家故乡。所以他们这次来并州,恐怕主要是出于武则天的主意。

这年,她升为皇后已经是第六年了。当她的政敌全部倒下去,她的皇后位子和政权已经不可动摇的时候,她不仅可以怡然自得地出游东都(洛阳),而且也有了闲心来关怀故乡,祭扫父坟,或者还想"衣锦还乡","光宗耀祖",享受更大、更多的光荣。这时期武则天的得意是不难想象的。这一次,她和高宗在并州住了四十五天,当然她们去过文水县,也游览过一些名胜;清明谷雨,桃杏花开,风景美丽的晋祠,即使不是她们的住处,至少也是她们经常游玩休息的地方。

武皇后此次回到故乡,十分高兴,因而充分表示了她和并州及文水的亲密关系,她举行了盛大的酒宴,招待故乡的亲戚和故旧邻里,并拿礼物赏赐他们,她给了故乡的青年男女以很大的光荣。后来她亲手破格提拔崔神庆为并州长史时也曾说:"并州,朕之枌榆。"表示了她对故乡的特别关心②。

---

① 见《资治通鉴》卷 200。按唐代制度,四品官之母或妻,称郡君,五品官之母或妻,称县君。
② 那时并州有东西两个城,中间隔着汾河,崔神庆来后才使二城"跨水连堞合而为一",每年节省了防御兵员数千人,"甚至为便"(参看新、旧《唐书》的《崔义玄传》附传)。

42

五、中外称为"二圣"

自武则天为皇后以后的二十年间(655—674,武则天三十三岁至五十二岁),唐朝在内政方面,可以说基本上是平稳的,百姓生活未见比以前更加困难。虽然有屡造宫殿、巡游晋豫、封禅泰山等劳民伤财之举,但是高宗和武后却知道百姓的力量是可怕的,它和大水一样,可以载舟,也可以覆舟。所以都不敢尽情享乐,作过分的压榨;历任宰相也多贤能;其余大臣及属官,大体都能遵守法纪,没有败坏国政;少数贪赃枉法、兼并土地的,也受到惩罚。所以这一时期,"群臣朝谒,万方表奏,皆呼为'二圣'"①。封建时代,地主阶级及其官僚固然以剥削农民为事,但是对于有革命传统而又人数众多的农民还是有所顾虑的。所以人们不希望有暴虐君主对百姓"竭泽而渔",他们希望的是"圣君贤相"把天下能治理得"太平无事"。因此"群臣""万方"称高宗武后为"二圣",不仅说明了武则天以皇后身份处理国政,事实上已成了皇帝,为国人所周知;同时也说明了当时人们对武皇后的执政成绩是表示赞颂与拥护的。

《资治通鉴》把这"中外谓之'二圣'"一事安排在 664 年,我想应该更早些。"中外",即中朝和外朝。

《旧唐书》卷 6《则天皇后本纪》说高宗"自显庆(656)以后,多苦风疾,百司表奏,皆委后详决。自此内辅国政数十年,威势与帝无异。当时称为'二圣'。"这段材料,充分说明了高宗经常有病,头晕眼花(看来是高血压症),不能处理国事。因此,皇帝的职权,就由武则天代理了。这是从什么时候开始的呢? 这段材料说"自显庆以后"。"显庆"是武则天为皇后之第二年的新年号,也就是说,大致自武则天做了皇后之后,原来有高血压病的高宗,就逐渐把皇帝的职权交给武则天了。由于在这二十多年间,代理皇帝武氏不仅胜任愉快,而且很有成绩,许多人都满意,所以"当时称为'二圣'"。这是中国封建史上未曾有过的尊称和歌颂。

---

① 转引《通鉴考异》所引《唐历》,见《资治通鉴》卷 201 麟德元年。

六、杀上官仪与培养上官婉儿

哪一年"称为'二圣'"呢？上面这一段《旧唐书·则天皇后本纪》原始材料却没有明确交代。但是，后来宋朝的欧阳修等编写《新唐书·后妃列传》时，就写成"称为'二圣'"是麟德初年武则天杀上官仪的结果。稍后，司马光等编写《资治通鉴》，也就照样把这二事编写在麟德元年(664)十二月。这是他们含有敌意的臆测，没有什么事实作根据的。

关于杀上官仪的原因，他们也有拾取传闻甚至故意捏造的痕迹。据现存原始材料——《旧唐书》卷80《上官仪传》说，上官仪自隋末以来有文名，在唐太宗、高宗两朝，"本以词彩自达，工于五言诗，好以绮错婉媚为本。仪既贵显，故当时多有效其体者，时人谓为'上官体'。仪颇恃才任势，故为当代所嫉。麟德元年，宦者王伏胜与梁王忠抵罪，许敬宗乃构仪与忠通谋，遂下狱而死，家口籍没。子庭芝……与仪俱被杀"。这段材料明明说，由于上官仪"颇恃才任势"，所以人们多不满意他，最后被控与梁王忠等谋反，"遂下狱而死"。但是《新唐书》的作者欧阳修等，编写《后妃列传》时，却添了一段"蛇足"说："麟德初，(武)后召方士郭行真入禁中为蛊祝，宦人王伏胜发之。帝(高宗)怒，因是召西台侍郎上官仪，仪即言后专恣，失海内望，不可承宗庙，与帝意合，乃趣使草诏废之。左右驰告，后遽从帝自诉。帝羞缩，待之如初，犹意其患，且曰：'是皆上官仪教我。'后讽许敬宗构仪，杀之。……及仪见诛，则政归房帷，天子拱手矣。群臣朝、四方奏章，皆曰'二圣'。"后来，《资治通鉴》在麟德元年条下，也有和《新唐书》相同的记载。

《新唐书》和《资治通鉴》，别有用意而添上的这一段不利于武后的故事，是很难让人信以为真的。第一，此时则天为皇后，已经十年，大权已经归于她手，而唐高宗对她并没有什么不满的迹象；第二，废皇后是件很不简单的事，高宗已有经验，哪能因为一个侍郎的主张，就想凭一纸诏书，把当权皇后废掉呢？总观唐高宗一生，可以肯定说，他绝不是这样头脑简单而办事轻率的人；第三，所谓"失海内望，不可承宗庙"这种说法，只能用于废太子，不适用于废皇后。捏造中伤的痕迹，显而易见。但是欧阳修等由于对武则天满怀敌意，也就不加思索采用了这两句话和这一段传闻(《资治通鉴》则没有采用这两句露马脚的话)。

总之，根据当时的实际情形来看，《新唐书》上的这段记载，不合情理，只是武则天的反对派造出来挖苦唐高宗、武则天夫妇的。

上官仪之死，实死于梁王忠谋反一案。梁王忠就是《旧唐书》卷86有传的燕王忠。他是唐高宗的长子,他母亲是高宗做太子时的一个普通宫女刘氏。出生之后,唐太宗很高兴,曾大宴群臣,席间亲自起舞。唐高宗做皇帝之第三年,宰相柳奭因其外甥女王皇后无子,就劝王皇后抱李忠为子,并和长孙无忌、褚遂良、韩瑗等尽力活动,结果达到了请高宗立李忠为皇太子的目的。但是过了三年,后宫情况却发生了巨大的变化:唐高宗得到了大臣李勣、许敬宗等的支持,最后排除元老重臣长孙无忌、褚遂良、柳奭集团的阻挠,毅然废王皇后,立武昭仪为新后。接着高宗又采取许敬宗的建议,废李忠为梁王,而立武则天所生之李弘为皇太子(656)。此后数年间,拥武派和反武派仍在激烈地斗争。659年,武则天和拥武派以绝对优势大败政敌,贬杀反武派长孙无忌等。这时候,还不到二十岁的李忠,吓得张皇失措,惴惴不安。时而说做了恶梦如何如何,时而自己起卦占卜吉凶,有时甚至还穿起女人衣服"以备刺客",越来越弄得神经很不正常。唐高宗、武则天夫妇查实之后,非常不高兴,认为他同情反武派,不敬信父皇,有被人利用、发生政变的危险,所以就宣布把李忠废为平民,流放于贵州[1],这样连做梁王的资格也没有了。上官仪曾经是李忠当太子时的东宫官员,自然要随李忠之失势而失利,当然也就会成为反武派的人物了。664年冬天,许敬宗出面控告上官仪和宦者王伏胜,与梁王李忠通谋,反对朝廷,结果李忠赐死于贬所,上官仪、王伏胜下狱被杀。

这是武则天为皇后第十年期间,对反对派又一次严厉的惩处。

上官仪之子庭芝也被杀,庭芝之女上官婉儿此时刚出生不久。因其母没入宫廷为官婢,从此就在宫里长大。婉儿在宫里受到了读书识字的教育(也可能是其母郑氏教的),兼之她有特殊的天赋,十多岁时,武则天就很赏识她的文才。后来,渐渐把她培养成秘书一类的人才。有一次不知因为什么事"忤旨"(不像因为参加了谋反集团),论罪应当处死,但武则天非常爱惜她的才能,特别赦她的死罪,减为黥刑,只在面部刺了字或花纹,仍然留在身边,作为得力的助手。上官婉儿在唐朝是很有名的人物,她的文才,尤其是政治才能,可以说是武则天亲手培养出来的。两《唐书》都有《上官昭容传》,但都不可尽信。

通过上官婉儿的这些情况,我们又可以看出:武则天办事认真,在宽严上又能掌握适当的分寸;她对上官仪这一家,并不使用斩尽杀绝的手段,反而把他的孙女培养成为出色的人才(梁王李忠赐死自尽之后,武则天也借她儿子李弘的名义上表请求收葬)。

---

① 详见《唐大诏令集》卷39《黜梁王忠庶人诏》。

七、称天后及其意义

在武则天执政初期的二十年间,在对外关系上,尤其是在对外战争上,唐朝的胜利,且超过了太宗时代。在西方,程知节(程咬金)、苏定方等名将和士兵击灭了屡次扰乱西北方的西突厥政权,把天山南北路乃至葱岭以西的中亚细亚大部分地区,置于大唐皇朝的统治之下,曾立记功碑于吐火罗(今阿富汗境内);至于东方,朝鲜半岛上还是高丽、百济、新罗三国分立的时代,高丽、百济常常联兵进攻半岛南边的新罗。唐太宗曾亲征高丽,但是仅能收复辽东地区,没能越过鸭绿江。唐高宗继位的第六年(即立武氏为皇后的这年)春天,又开始了对高丽的战争,并且持续了二十多年之久。李勣、苏定方、薛仁贵等名将,终于击灭了百济政权和高丽政权,最后还征服了新罗,促使新罗的新政权统一了朝鲜半岛,而成为唐朝的附属国。因此,唐朝时期的中国疆土比汉朝还广大辽阔,成了空前广阔的大帝国。这二十年间,皇帝是多病的高宗,所以主要是武皇后的功绩。

因此,674年,文武大臣尊称高宗为"天皇",尊称武后为"天后"。形式上,这是史无前例的称号;但试回想一下:630年唐太宗派兵击灭东突厥政权之后,还出兵统一了吐谷浑、高昌等地区,646年,曾被北边少数民族尊称为"天可汗"。那么这就可以理解到:"天皇""天后"的称号也和"天可汗"一样,是唐朝对外征服胜利的象征,是无数将士们流血牺牲的结果。

此年又追复长孙无忌官爵,命其曾孙长孙翼袭赵公爵位,允许其归长安,陪葬昭陵。这固然是特别优待已死的国舅,但也有缓解反对派的反感,缓和统治阶级内部矛盾的意思。

这年(674)十二月,天后武则天提出了十二条施政大纲,请政府施行:一,劝农桑,薄赋徭;二,给复三辅地;三,息兵,以道德化天下;四,南北中尚禁浮巧;五,省工费力役;六,广言路;七,杜谗口;八,王公以降皆习《老子》;九,父在为母服齐衰三年;十,上元前勋官已给告身者,无追核;十一,京官八品以上益廪入;十二,百官任事久,材高位下者,得进阶申滞①。

称"天后"的明年(675)三月,武皇后祀蚕神于洛阳北邙山的南面,表示遵古礼提倡蚕桑生产。同月,唐高宗由于风眩旧病加甚,想让武则天不再垂帘于御座之后主演双簧,而正式出面摄理国政。但是中书侍郎郝处俊、李义琰等谏阻,说"天子理外,后

---

① 《新唐书》卷76《后妃列传上》。

46

理内,天之道也。昔魏文著令:虽有幼主,不许皇后临朝,所以杜祸乱之萌也"①。唐高宗不得已取消了此意。然而此时,武则天出面为皇帝,已形成一种趋势,它并没有因此而停止。又三年(678),"正月辛酉,百官及蛮夷酋长朝天后于光顺门",这又可以说明武则天的实权和威望,正在与日俱增。

往后数年间,突厥的贵族时常骚扰西部边境,武则天派裴行俭、王方翼、薛仁贵等率军征讨,都先后胜利。但此时朝廷的财政已十分困难,甚至一时弄到百官要捐半俸,百姓要出人头税。武则天知道,这不是办法,就赶快下令纠正,取消了纳半俸和人头税。

---

① 《资治通鉴》卷 202 上元二年。

八、天皇(高宗)之死

683 年冬天,唐高宗更加苦于旧病,"头重不能视",由武后及侍医等随侍到东都附近的奉天宫调养。曾一度由侍医秦鸣鹤使用针刺疗法而稍愈,但是以后又渐重。十一月末,还东都,"百官见于天津桥南"。古代皇帝病重时,往往还用改年号、大赦天下等办法,希求病愈。十二月丁巳,朝廷决定改元"弘道",并大赦,请皇帝照例到东都宫城前面的则天门楼上宣布;但是此时唐高宗"气逆不能上马,遂召百姓于殿前宣之。礼毕,高宗问侍臣曰:'民庶喜否?'曰:'百姓蒙赦,无不感悦。'高宗曰:'苍生虽喜,我命危笃。天地神祇延吾一两月之命,得还长安,死亦无恨。'"①

长安是古帝都,但由于战争较多,水利失修,隋朝已屡次发生旱灾和饥荒,唐初的洛阳则已经发展成为一个新的经济中心,交通较长安便利,市面也很繁荣,而唐高宗、武后大概是想摆脱长安的保守势力的牵掣,所以自 657 年(武则天为皇后的第三年)明令以洛阳为东都之后,高宗与武后屡次到东都,长期居住,处理国政,因此东都形成了一个新的政治中心②。这时,唐高宗病重临死,却想回到长安,这也是老病思故乡的人之常情;然而,他的病太久也太重了,加以宣赦劳累,这天夜里就病死于东都真观殿了。这年唐高宗五十六岁,武后六十一岁。总计武则天与高宗为夫妇共三十年,自武则天为皇后,和高宗共理国政,共有二十九年之久。

他们二人生下的子女共五人,李弘(即孝敬皇帝)、李贤(章怀太子)、李显(又名哲,即中宗)、李旦(即睿宗)、太平公主。

回看一下唐高宗的一生,他并不是一个荒淫无道或庸懦无能的昏主,相反,他却是一个能拿定主意处理问题,紧要关头还颇有勇气,而又有一定程度的革新精神的君主。例如,纳武则天于宫中,且立为皇后,后来又想让武后正式出面摄政。在位三十年间唐朝对内对外的各种措施,不少也是高宗决定的;晚年,大概因为看出了太子李显不成器,就立李显之子李重照为皇太孙,这也是封建史上少有的事(以前只有晋惠帝和齐武帝立过皇太孙)。而且高宗还打算"自我作古",独开生面,给皇太孙开府置师傅。总之,这三十年间的真实历史证明:武则天不是"狐媚惑主"、窃权争宠的女人,唐高宗也不是沉溺酒色、听人摆布的昏君,也不是怕老婆的庸懦之主。两《唐书·高宗本纪》的作者所以贬低对高宗的评价,显然是出于他们对武则天(特别是称周帝以后的武则天)抱有反感的缘故。所以两《唐书》的评语,是很不公平的。

---

① 《旧唐书·高宗本纪》。
② 《旧唐书·王皇后传》说,武则天因为怕鬼不敢回长安。其说既迷信又荒谬,不值一驳。

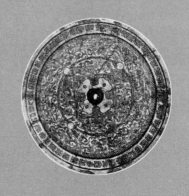

第六章
为皇太后时期

一、废中宗（李显）为庐陵王

武后和唐高宗共理朝政二十九年，由于高宗常病，武后实际上成了朝政的主要负责人，取得了"二圣""天后"的尊号。三十年间国内外的发展情况，也证明了武后有胆有识，老成练达，作为皇朝的最高决策者，是完全可以胜任的，不愧为一个政治家。所以唐高宗从前有过让武后出面正式治理国政的动议，临死时虽照例遗嘱以皇太子继承皇位，但他又嘱咐：国家大事应取决于天后。《旧唐书·高宗本纪》说："宣遗诏：七日而殡，皇太子即位于柩前。陵园制度，务从节俭。军国大事有不决，者取（听）天后处分。"

唐高宗死前，已下诏由太子监国，命令大臣裴炎等扶助。临终之夜，又召裴炎入内受遗诏辅政。七天之后，皇太子（李显），也就是中宗，"即位，尊天后为皇太后，政事咸取决焉。以刘仁轨为左仆射，裴炎为中书令"①，二人都是宰相职。这些记载表明了：武则天虽然由皇后被称为皇太后了，但是当时的皇族及文武大臣，还不愿把她推到台后面去养老，而愿意仍然由她处理国家大事，而武则天也没有乘机"临朝称制"作威作福的意图，她任用的大臣，如刘仁轨和裴炎等，都是唐高宗时期选用的，没有一个是武则天的私人外戚。

唐中宗李显继承帝位十天之后，便是第二年元旦，改年号为嗣圣（684），这时他已经二十八岁了。但是唐中宗为太子时，就不肯认真学习而喜欢游玩打猎，其为人，至少是像《旧唐书》本纪上史臣说的那样：唐中宗是贤臣也不能辅佐好的"孱主"，"诚以志昏近习，心无远图，不知创业之难，唯取当年之乐"。

其妻韦氏同时升为皇后，他的岳父韦玄贞也就由地方小官（普州参军），被擢升为豫州刺史了。但是唐中宗夫妇还要升韦玄贞为门下省侍中（宰相），又要让乳母的儿子当五品官，宰相裴炎不以为然，力争。中宗大怒，竟说：侍中算得什么，我就是把皇帝宝座给了韦玄贞，又有何不可！裴炎听了这话，十分惊异，就把这情况告诉了武太后。这时武则天就更加肯定中宗糊涂透顶，不能为一国之君。失望之余，就和大臣裴炎等布置废立。大约一个月之后，武太后召集百官于东都乾元殿，并命令羽林将军程务挺等率领禁军入宫，兼到殿上警卫，由宰相裴炎宣布武太后命令，"废中宗为庐陵王，扶下殿。中宗曰：'我何罪？'太后曰：'汝欲以天下与韦玄贞，何得无罪！'乃幽于别所"②。

---

① 《资治通鉴》卷 203 弘道元年。
② 《资治通鉴》卷 203 光宅元年。

武则天的这一敏捷果断的措施,当然会使群臣感到十分突然。但由于大家认为这一重大措施毕竟还是正确的,所以没有一人表示不同意或反对,所以也就没有在朝中引起多大不安和混乱。第二天,武则天又按照计划宣布她的最小的儿子豫王旦为皇帝(即睿宗,此年二十二岁)。

李旦为人,据《旧唐书》说是:"谦恭孝友,好学,工草隶,尤爱文学、训诂之书。"大概武则天已经了解到她这个儿子是退让有余,进取不足,已养成埋头伏案的书呆子,而不可能培育成为具有雄才大略的政治家;所以虽然依照封建制度立了李旦为皇帝,虽然她也已经六十二岁了,但她还是以国家政治为重,毅然出面,临朝理政,让睿宗只做了个名义上的皇帝。

这时武则天已成了皇太后了,但是她毕竟是封建时代的女人,每当坐朝和群臣商议政事的时候,还是不敢抛头露面的:"自是太后常御紫宸殿,施惨紫帐以视朝。"①帐子的惨紫颜色,似乎可以说明武则天的沉郁和严肃。由此也可以证明:《唐历》所说被尊称为"二圣"时期,武则天已经在殿上和唐高宗东西对坐,面对群臣处理朝政,是没有根据的说法。而《资治通鉴》的说法则是合乎情理的:"自是上每视事,则垂帘于后,政无大小,皆与闻之。天下大权,悉归中宫,黜陟生杀,决于其口,天子拱手而已,中外谓之'二圣'。"②

母后临朝,引起外戚专权,以至祸害国家。这在前代,最显著的例子,就是汉朝的吕后。所以当时的一些大臣和武则天本人,都注意到了这一历史教训。比如,这年(684)废中宗立睿宗之后,武则天同时也对巩固统治作了一些布置:命令很有威望的宰相刘仁轨担任西京(长安)留守。武则天致书刘仁轨说:"昔汉以关中事委萧何,今托公亦犹是矣。"刘仁轨上疏说自己衰老,不敢担任留守重任,同时还借汉朝吕后任用外戚而失败的教训,警示武则天勿重蹈覆辙。武则天接到这样露骨的规谏,并不生气,而且很受感动,虚心地考虑了刘仁轨的警告,并十分诚恳地亲笔给刘仁轨写一封回书,叫专使送去。《全唐文》卷97所载《谕刘仁轨玺书》原文是:

> 今以皇帝谅暗不言,眇身且代亲政。远功劝诚,复表辞衰疾。惓望既衰,徊徨失据。又云:"吕后见嗤于后代,禄、产贻祸于汉朝。"引喻良深,愧慰交集。公忠贞之操,始终不渝;劲直之风,古今罕比。初闻此语,能不惘然,静而思之,是为龟镜!且端揆之任,仪刑百辟;况公先朝旧德,遐迩具瞻,愿以匡救为怀,无以暮

① 《资治通鉴》卷 203 光宅元年。
② 《资治通鉴》卷 201 麟德元年。

年致请！①

这是此年二月间的事，当时武氏外戚在朝中做高官的，主要是武承嗣。他是武则天异母兄武元爽之子，继承武士彠周国公的封爵，为秘书监礼部尚书，又以太常卿"同中书门下三品"（挂宰相头衔）。八月，仍降为礼部尚书，这是武太后抑制外戚以免专权的表示。但是，不久，当武承嗣请求追尊武氏祖先，建立武氏七代祖庙的时候，武太后竟听从了他的话，而付诸实施。当时宰相"裴炎谏曰：'太后母临天下，当示至公，不可私于所亲。独不见吕氏之败乎！'太后曰：'吕氏以权委生者，故及于败。今吾追尊亡者，何伤乎！'对曰：'事当防微杜渐，不可长耳。'太后不从。己巳，追尊太后五代祖……又作五代祠堂于文水"②。

武则天不能克服这种不必要的虚荣，也没有重视到它的不良影响，在这一点上，武则天是不如长孙皇后的③。

---

① 《资治通鉴》卷 203 亦载此文，但稍略。
② 《资治通鉴》卷 203 光宅元年。
③ 长孙皇后临终对唐太宗说："妾之本宗，慎勿处之权要。"见《资治通鉴》卷 194 贞观十年。

二、讨平徐敬业的叛乱

这时,眉州刺史李敬业兄弟(即徐敬业,兄弟都是名将李勣之孙)、长安县主簿骆宾王,以及唐之奇、杜求仁、魏思温等,共六人,都因犯了罪,受到贬职的处罚。他们"皆会于扬州,各以失职怨望,乃谋作乱,以匡复庐陵王为辞。……敬业矫称扬州司马来之官,云'奉密旨,以高州酋长冯子猷谋反,发兵讨之'。于是开府库,令士曹参军李宗臣就钱坊,驱囚徒、工匠数百,授以甲。……遂起一州之兵,复称嗣圣元年。开三府:一曰匡复府,二曰英公府,三曰扬州大都督府。敬业自称匡复府上将,领扬州大都督……旬日间得胜兵十余万,移檄州县"①。徐敬业又找到一个面貌和已故的太子李贤相似的人,假说太子贤叫他们起兵,尽力向附近州县宣传。楚州司马李崇福率所部三县响应徐敬业,但盱眙人刘行举独据县不从;历阳人高子贡也率乡里数百人,阻李军西进。叛军的发展受到了阻碍。

徐敬业等叛乱的消息,很快就传到了东都,武则天立刻派大将军李孝逸为扬州道大总管,将军李知士与马敬臣为副,率三十万大军进讨徐敬业。这年(684)十月间,李孝逸率军来到临淮(今安徽泗县),两军开始接触,互有小的胜负,李孝逸便迟疑不进。十一月,武则天又加派大将军黑齿常之(百济人,高宗时的唐朝名将)为江南道大总管。最后,李孝逸采用了殿中侍御史魏元忠的战略,不冒进直攻扬州,也不留后顾之忧,全军顺途而进,步步拔除敌人据点,最后和徐敬业主力在扬州城外小河上展开决战。唐军几乎失败,经将士们苦战之后,并"因风纵火,敬业大败,斩首七千级,溺死者不可胜纪。敬业等轻骑走入江都(扬州城),挈妻子奔润州(今江苏镇江),将入海奔高丽。孝逸进屯江都,分遣诸将追之。乙丑,敬业至海陵界(今江苏泰洲),阻风,其将王那相斩敬业、敬猷及骆宾王首来降。余党唐之奇、魏思温皆捕得。传首神都,扬、润、楚三州平"②。

徐敬业等是因为自己有罪受罚而心怀怨恨,遂以拥护中宗复位为借口,发动起这次战争的。从动机及效果来看,都完全是为了私人利益,只有扰乱社会,祸害百姓,无丝毫进步意义可说。从九月到十一月,不满三个月,便被彻底击溃。所以这不是起义,而是一场叛乱。

这一次战争的结果,说明了国内各阶层对武则天三十年来的执政及废立皇帝、临朝听政,基本上没有多少不满,而对徐敬业等所搞的叛乱,则是不愿支持的。

---

① 这檄文就是秘书骆宾王代作的传诵于后世的讨武氏檄文,见《资治通鉴》卷 203 光宅元年。
② 《资治通鉴》卷 203 光宅元年。

三、杀宰相裴炎

与发兵讨徐敬业同时,武太后还在朝中镇压了反对派,即阴谋推翻太后临朝、拥睿宗亲政的宰相裴炎一派。当徐敬业叛乱消息传来时,裴炎身为宰相却没有积极主持诛讨的态度,等到武太后和他商议时,他说:"皇帝(睿宗)年长,不亲政事,故竖子得以为辞。若太后返政,则不讨自平矣。"监察御史崔詧听到裴炎的主张,就加以指责说:裴炎受高皇帝遗命,辅佐嗣君,今已大权在握,如果你没有异谋,为什么请太后归政? 武则天对于裴炎的奸忠,早已有所了解,就下令逮捕裴炎,叫左肃政大夫骞味道和侍御史鱼承晔负责审问。武后这一举动,惊动了大部分朝官。"文武间证炎不反者甚众,太后皆不听"。不久,审讯完毕,公开斩裴炎于洛阳都亭驿,"籍没其家,无甔石之储"。《资治通鉴》卷203光宅元年条的记载大致如此。《资治通鉴》的作者和后世很多学者,由于他们根本就反对武则天临朝,而赞成裴炎的"归政"主张,所以他们认为裴炎是被"构陷"而冤死的。

但是,如果不抱成见,以实事求是的态度看这一事件的所有材料,就会看出:裴炎不是冤死。

裴炎是山西闻喜县人,明经科及第,特别精通《左氏春秋》。他为官清廉没有积下家财,这是好的,也是事实。但是,他对于"纲常名教""三从四德"等儒家教条之精神,也是服膺坚持且想有所发挥的。他是反对女人执政,反对武后临朝的。他的政治见解和对武则天的态度,近半年来已经引起一些反武分子的注意。唐人张鷟(文成)撰的《朝野佥载》卷5,就有这样的记载:

> 裴炎为中书令,时徐敬业欲反,令骆宾王画计,取裴炎同起事。宾王足踏壁,静思食顷,乃为谣曰:"一片火,两片火,绯衣小儿当殿坐。"教炎庄上小儿诵之,并都下童子皆唱。炎乃访学者令为解之。召宾王至,数啗以宝物锦绮,皆不言。又赂以音乐、女妓、骏马,亦不语。乃对古忠臣烈士图共观之,见司马宣王(即司马懿),宾王欯然起曰:"此英雄丈夫也!"即说自古大臣执政,多移社稷。炎大喜。宾王曰:"但不知谣谶如何耳。"炎告以谣言"片火绯衣"之事白。宾王即下,北面而拜曰:"此真人矣!"遂与敬业等合谋。扬州兵起,炎从内应。书与敬业等合谋,唯有"青鹅",人有告者,朝臣莫之能解。则天曰:"此'青'字者,十二月;'鹅'字者,我自与也。"遂诛炎。①

---

① 参看翁注《困学纪闻》卷14。

这是一段传说,而且有许多地方不合情理,当然不能完全相信,但是已经可以说明一些迹象,即裴炎和徐敬业等有关系。

而且,《新唐书》卷117《裴炎传》,也透露了一段重要的消息说:早在九月徐敬业反于扬州之前,拥武派与反武派的斗争,已随废唐中宗一事而展开。裴炎和武太后在几件事情上意见发生冲突之后,裴炎说"谋乘太后出游龙门,以兵执之,还政天子。会久雨,太后不出而止"。

我们知道,《新唐书》的主编人欧阳修对武则天是抱有成见和反感的。他们写的《裴炎传》几乎完全根据《旧唐书》的《裴炎传》,但他们却偏给添上了一条材料,即《旧唐书》所没有的裴炎计划捕武太后的阴谋。可见欧阳修还根据了另一些材料,并且他认为这些材料是可靠的。司马光在《通鉴考异》中,提到了前引《朝野佥载》的传说和《新唐书》添加的记载,表示了不肯赞同,但没有举出充分的理由来加以否定。而且《新唐书》卷108《刘仁轨传》和《资治通鉴》卷203光宅元年九月条下还记载了另一件事,这也可以佐证裴炎是有谋反阴谋的。

事情是这样:当裴炎被捕下狱时,有个充当武太后使者的中郎将(侍从武官)姜嗣宗来到了长安,西京留守刘仁轨顺便就询问到东都情况。姜嗣宗谈到裴炎下狱时,无意中对刘仁轨说了这么一句话:我觉得,"裴炎有异于常久矣"!刘仁轨大概立刻察觉到了裴炎曾在军官中间施展阴谋,策划政变,为了明确无误,刘仁轨特意再问了一下:你察觉到裴炎早就有了异志吗?姜嗣宗说:是的。第二天,姜嗣宗要回东都去,刘仁轨说:我有奏札,烦劳你给带去。姜嗣宗欣然接过奏札,带回东都,呈上武太后。奏札上报告了他们那一番谈话,说可见姜嗣宗早知裴炎谋反而不报告。武太后看罢奏札,完全相信刘仁轨的揭发,立刻宣布姜嗣宗知反不告,罪不可赦,下令就在殿廷惩罚姜嗣宗,手足打断,然后提往都亭驿绞死。

把这一事件和《朝野佥载》的传说及《新唐书》的记载,互相联系起来考察,那么裴炎有叛逆阴谋,并在文武官员中进行鼓动,不仅是有蛛丝马迹可寻,而且是确凿可信的。这一事件也说明:裴炎虽然早已策划政变,并有极少数的党羽,但毕竟不得人心,依然孤立。比如也是元老重臣宰相之一的刘仁轨,就毫不同情裴炎的主张,而至死拥护武则天执政(刘仁轨是唐朝名将和名相,这是当时及后世都一致公认的)。

裴炎被捕之初,刘景先及胡元范两个朝官出面救护说:"炎,社稷元臣,有功于国,悉心奉上,天下所知。臣敢明其不反。"太后曰:"炎反有端,顾卿不知耳!"(可见武则天确实早已掌握了裴炎谋反的线索和证据)对曰:"若裴炎为反,则臣等亦反也。"太后曰:"朕知裴炎反,知卿等不反。"[①]此二人,大概是平日就和裴炎亲近,崇拜裴炎、同情

---

① 《资治通鉴》卷203。

裴炎的政治见解的。武则天因为这两人没有参加政变活动,所以没有逮捕他们,后来给予处罚也是较轻的:一个贬为刺史,一个被流放于琼州(今海南琼山)。

而且,裴炎虽精研儒学,却并不是真正的正人君子,在个人道德上不够为一个孔孟之徒,在政治作风上有愧为一个宰相。试看下面另一条材料,就会明白:早在前四年(681),著名统帅裴行俭讨平了东突厥的叛乱集团,接受了伏念可汗等的投降,曾许以不杀。但是把他们带到京师向唐高宗献俘之后,宰相裴炎"嫉行俭之功",竟下令把伏念可汗以下五十四人都杀掉了。"行俭叹曰:'浑、浚之事,古今耻之。但恐杀降之后,无复来者!'行俭因此称疾不出。"①果然,不久突厥各部又反唐,这也是应该由裴炎负责的。所以《新唐书·裴炎传》也批评裴炎说:"议者恨其媚克(媚,嫉妒他人;克,好胜于人),且使国家失信四夷。"确实像这样滥杀少数民族的人物,在当时也是违反国家利益的。

裴炎要发动政变,《新唐书》卷 117 提供了肯定的材料。即,他策划乘武则天出游龙门时,捕拿武则天,然后由他掌握大权,由他组织新的政府。至于新政府的面貌将会怎样呢?现在已难于明确。如果政变成功了,裴炎会不会自己登上宝座作起天子来呢?看来裴炎还不敢如此大胆,当时形势还不许他有这么大的野心,他有王莽"谦恭下士"的假面具,但还不可能完全学习王莽。他是儒家,是李唐正统主义者,他搞政变的目的,是使唐睿宗出来亲政,不然就是迎庐陵王回朝复位。唐高宗的儿子里面,有资格当皇帝的,只剩此二人。数十年后,唐睿宗曾下诏宣布裴炎无罪,且说他有功:"保乂朕躬,实著诚节。"看来政变目的是让睿宗亲政。不论他想捧谁为天子,国家大权由裴炎掌握,这是肯定的;不论他敢不敢学王莽篡汉,裴炎计划推翻武则天,这也是肯定的。

那么,裴炎策划的新政府会不会比武则天政府强呢?我们说:不会。因为,裴炎本人就不是那么正派、那么有才德的人,他如果敢取代唐朝的天下,一定要遭到各方的讨伐,引起祸害百姓的战争。他也许考虑过,拥太子贤代替武则天。李贤虽然少年时期曾受到唐高宗的称赞,但为太子时,则已有失德,所以武则天特给他编著了《少阳正范》,并书面教诫过他。后来李贤也比裴炎先死了。至于唐中宗(李显),真是昏庸到家的人,唐睿宗(李旦)则是个书呆子,更没有政治经验。知子莫若母,武则天是深知这几个儿子不堪为一国之君的,所以她虽然六十多岁了,仍然不能不挑起这沉重的担子,她是"钦奉遗言,载深悲惧"的。此外李家贵族更没有人有当皇帝的资格,所以从李唐宫廷看来,此时只有武则天是英明老练的政治家,对国家和百姓来说,仍然由

---

①　《旧唐书》卷 87《裴炎传》。

武则天执政比起当时的任何人来都有利。因此,我们认为裴炎的政变活动,是不合时宜的,是不利于国家、百姓的。

总之,司马光等说武则天无情,冤杀了裴炎,除了他们的主观主义的成见之外,实在毫无根据。裴炎确是违反国家利益,背叛朝廷,计划颠覆武太后政权,罪有应得,并不冤枉。

四、杀大将程务挺

平定了徐敬业叛乱不久,即同年十二月,武太后又在国防军中进行了清算,杀了大将程务挺,流放了大将王方翼。程务挺先在裴行俭部下击突厥有功,后又平定了"绥州步落稽白铁余"①,升为羽林军的左骁卫大将军。武太后临朝,为了防御突厥,派程务挺为单于道安抚大使,"务挺善绥御,士服其威爱,突厥惮之,不敢盗边"②。

裴炎下狱时,程务挺秘密上表申辩,他平素又和徐敬业的同党唐之奇及杜求仁(皆曾做小京官)友好,"或潜之曰:'务挺与裴炎、徐敬业通谋。'癸卯,遣左鹰扬将军裴绍业即军中斩之,籍没其家。突厥闻务挺死,所在宴饮相庆;又为挺立祠,每出师,必祷之"。"太后以夏州都督王方翼与务挺连职,素相亲善,且废后近属,征下狱,流崖州而死"③。

据有关史书记载,程务挺和王方翼都是历战有功、忠勇为国、受到士卒和百姓爱戴的大将;至于涉及了徐敬业、裴炎案件,王方翼显然只有些嫌疑,所以才处以流刑;程务挺也只是平日和叛军将领有关系,实未见有谋反证据,武则天就立刻派使者斩之于军中。这种决策就未免有点过分主观和轻率了。尤其是在客观效果上,在国防上造成了极大的损失。一举而冤死程、王两员大将,这对武则天说来,确实是一种不能原谅的错误。

裴炎是善于假装忠诚的人,他的反叛阴谋,进行得很秘密,也还没有成熟,所以很少人知道他的真面目。刘景先出面保其不反,程务挺密奏为裴炎申辩,都是受了裴炎欺骗之故。武则天过度紧张,就失于细察了。

仅仅两三个月之内,武则天平定了以扬州为中心的徐敬业的叛乱,在朝中则消灭了以宰相裴炎为首的阴谋政变集团,又在国防前线,派一个使者就斩了军中主将而没引起兵变。这些都说明了,武则天的权势、威望及其对全国的统治,三十年来,已经打下了不可动摇的深厚基础了。武则天这一番迅速而残酷的镇压,又进一步加强了她的统治,所以有下面这样的传说:

> 既而太后震怒,召群臣谓曰:"朕于天下无负,群臣皆知之乎?"群臣曰:"唯。"太后曰:"朕事先帝二十余年,忧天下至矣。公卿富贵,皆朕与之;天下安乐,朕长

---

① 白铁余借宗教起事,称"光明圣皇帝",他属于长城外的一支少数民族。
② 《新唐书·程务挺传》。
③ 《资治通鉴》卷203光宅元年。

养之。及先帝弃群臣,以天下托顾于朕,不爱身而爱百姓。今为戎首,皆出于将相,群臣何负朕之深也!且卿辈有受遗老臣,倔强难制过裴炎者乎?有将门贵种,能纠合亡命过徐敬业者乎?有握兵宿将,攻战必胜过程务挺者乎?此三人者,人望也,不利于朕,朕能戮之。卿等有能过此三者,当即为之。不然,须革心事朕,无为天下笑!"群臣顿首,不敢仰视,曰:"唯太后所使。"①

对于这个材料,司马光在《通鉴考异》上说:"恐武后亦不至轻浅如此,故不取。"司马光在这一点上,对武则天的认识是正确的,因为他生长于封建皇朝,又身为大臣,他知道当时一个能干的最高统治者是会有其尊严和风格的。武则天有很高的教养,有多年的政治经验,也有她勇敢果断而落落大方,又毕竟是女性的一种政治风度;她在群臣面前,有矜持,要拿架子,虽然裴炎、徐敬业的叛逆,使她苦恼震怒,但正如司马光说她还不至于那样轻率浅薄,在大殿上大发脾气,只拿威严去压服群臣。她早年编写过一部《臣轨》,令文武官员学习,这次拿叛乱事件来告诫群臣,却是可以想象的。

如果把《唐统纪》上的这个材料作为传说,作为当时社会上的谈论来看,那还是近情理的,也可以说明武则天的地位与威望。

---

① 转引《通鉴考异》所引《唐统纪》,见《资治通鉴》卷203。

五、广开言路的政策

685年(武则天六十三岁)元旦,武太后大赦天下,借以缓和一些矛盾,同时一再采取广开言路的措施。据说当武太后看到了徐敬业的《讨武氏檄》时,问群臣:檄文是谁作的,知道不知道? 有人答复说,是骆宾王作的。武太后就说:这是宰相的过失,人家有这样的才学,为什么让他流落,以至不满而参加反叛呢!

这个故事,流传很广,它反映了武则天是有度量的,更重要的是,这个故事也反映了武则天从徐敬业叛乱中,认识到了"上下蔽塞"和"怀才不遇"是造成不满与叛乱的一种原因。因此,正月大赦,二月又下令:东朝堂的登闻鼓,西朝堂的肺石(都是古来让人便于上达冤屈、谏诤、建议的设备),都取消了看守人。如果有人来击鼓或立石表示有意见,御史就应该接受他的诉状,而往上报告。三月,又下诏说,内外文武九品以上官员及百姓,凡是有才能的,都可以自己向朝廷推荐。在这连年的积极鼓励之下,无数臣民表示了意见和才能。怀义和尚就是这时受到武则天的信任的。

垂拱二年(686,这年则天六十四岁)正月,武太后忽然下诏,表示要归政于皇帝(睿宗)。但是唐睿宗本人庸懦,也没有得力帮手,他只爱埋头读古书,对政治不感兴趣。所以再三上表辞让,结果武太后又临朝理政。这事之所以发生,可能是由于唐睿宗已经满了"谅闇"时期(皇帝居丧称为谅闇),或因武则天受了什么刺激又兼年老,而想退居后台;也可能是一种政治策略:即为了使主张"归政"的人们知道唐睿宗事实上不可能出来执政,而故意耍一下以退为进的手段。无论其原因如何,总之,经此一番起伏,武太后的临朝,就更加不可动摇,而且只有往前发展了。三年之后,终于发展成为女皇帝,可见这位女皇帝的出现并不是突然的,也不是偶然的。

武则天想大开言路,广征人才,于是就感到古来已有之登闻鼓与肺石的作用已经不大,所以特制一种铜匦(铜质箱子),"其器共为一室,中有四隔,上各有窍以受奏疏,可入不可出"。这个铜箱子是四方形的,它有四个口,分别接受四大类的奏疏状纸:"其东曰'延恩',献赋颂,求仕进者,投之;南曰'招谏',言政得失者,投之;西曰'伸冤',有冤抑者,投之;北曰'通玄',言天象灾变及军机秘计者,投之。"①垂拱二年(686)三月,把这样的铜匦制成,放在朝堂外面。

唐代皇城的南面正门,叫作则天门(略似后代的天安门),门内是朝堂,朝堂外面,本来就东有肺石,西有登闻鼓,预备给来朝廷提建议或伸冤的人使用的。现在新设了

---

① 《资治通鉴》卷203垂拱二年。

具有四种作用的铜匦,就表示了武则天的朝廷采取了新的措施来广开言路。

铜匦制度后来也有改进。《隋唐嘉话》说:因为有人不以严肃的态度来投书,政府便设专官监督:"投匦者,或不陈事,而谩以嘲戏之言,于是乃置使先阅其书奏,然后投之匦中。"《资治通鉴》则没有说是由于什么原因,而径记:有谏议大夫负责掌管,且投匦者要有保人。可见人们可以投匦告密,但不能匿名乱告。且铜匦分四面,具有四种不同意义,所以后世有人说武则天创设铜匦,只是为了让人用告密办法去陷害别人的,这显然是十分片面的看法。其后唐朝诸帝,二百多年间,都作为祖法而沿用了铜匦制度。可见铜匦本身,不能算坏,是广开言路、了解民情的一种重要措施①。

不仅唐朝如此,宋朝也沿用铜匦制度,并且设置了专门的机构,叫作"匦院"。宋太宗雍熙元年(984),"改匦院为登闻检院",并改"匦"为"检":东面改为崇仁检;南面改为思谏检;西面改为申明检;北面改为招贤检②。

唐代后期和宋代,都用铜匦制度,却没有人说那些皇朝也是告密盛行,可见不能片面地说武则天的铜匦是告密箱。

---

① 参看王谠:《唐语林》卷5《补遗》。
② 参见《续资治通鉴长编》卷25。

六、讨平李冲父子的叛乱

武则天以太后临朝的时期,统治阶级内部矛盾不断发展着,除了已经激化的上述诸矛盾之外,还存在着李家旧贵族和她的矛盾。武则天临朝之初,就封李家贵族们以很高的官爵,以表示团结和尊敬。例如,封韩王李元嘉为太尉,霍王李元轨为司徒,舒王李元名为司空,滕王李元婴为开府仪同三司,鲁王李灵夔为太子太师(以上皆唐高祖李渊之子)。封越王李贞为太子太傅,纪王李慎为太子太保(此二王为唐太宗之子)。但是矛盾并没有因此解决。虽然徐敬业反时,这些旧贵族多散在各州当刺史,彼此来不及联系和响应;但是他们始终认为太后把持李家天下,武氏太无妇道,犯了家法,所以两三年来,他们不断在谋划推翻武则天的政权。其中最为出力的是韩王李元嘉之子李撰(公爵)和越王李贞(二人皆唐高宗之兄弟辈),以及琅邪王李冲(李贞之子)。

688年秋天,李撰写信给李贞说:"内人病渐重,当速疗之,若至今冬,恐成痼疾。"意思是说,"倒武"之事,必须在这个秋天速办,若到今冬,就难办了。

明堂是古代王朝"所以朝诸侯"、所以"明政教之堂"。唐太宗以来,屡次想按照儒家制度建造明堂,都没设计成功。这时(688年秋),武则天用怀义和尚为修建专使,把明堂建造得差不多了,就通知李家宗室来朝,大会明堂;而这些旧贵族们却因为自己心里"有鬼",而"内不自安",不敢前去,且互相警告说,武则天将利用明堂大宴的机会,把李唐宗室一网打尽。李撰且伪造皇帝(中宗或睿宗)的墨书说:"朕遭幽系,诸王宜各发兵救我!"派人送给李贞之子李冲(琅邪王、博州刺史)。李冲又伪造皇帝墨书说,武则天想把李家天下给了外戚武氏,非起兵讨伐不可。范阳王李蔼派使者告李贞、李冲父子说:"若四方诸王一时并起,事无不济。"李氏诸王这样"往来相约",但客观形势很不成熟,他们还商议不出具体的起兵计划,李冲就迫不及待,首先在博州(今山东聊城)发动反武暴动了。八月,李冲依靠准备好的五千多人的兵力,先攻武水县(故城在今聊城西南),受到城内大约二千人的抗击,不能取胜。李冲的将官董玄寂对人说:"琅邪王与国家交战,是反也。"李冲听见就斩了董玄寂示众,但是,其结果却正和李冲的期望相反,"众惧而散入草泽,不可禁止,惟家僮左右数十人在。冲走还博州,至城门,为守门者所杀。凡起兵七日而败止"。其余李氏诸王都没有动,也不敢动,唯有李冲的父亲越王李贞知道不反也是死,不得已而在豫州(今河南汝南)起兵,响应李冲。他"发属县兵共得五千……所属官皆受迫胁,莫有斗志。……贞使道士及僧诵经以求事成,左右及战士皆带避兵符。……豫州城东四十里……拒战……兵溃而归。贞大惧,闭门自守……自杀。贞……与冲皆枭首东都阙下"①。其他像李元嘉、李撰父子等多畏罪自杀或被迫自杀而死。

总之,李家旧贵族所进行的一场反武斗争,未经全面发动,就异常迅速地失败了。这说明了武则天不论为皇后或为皇太后,她的执政,基本上取得广大阶层的拥护,因而有深厚的社会基础,难以动摇;而李氏诸王则和徐敬业、裴炎一样,不识时务,不明大势,只从私人怨恨和认为女人不能当权的保守观点出发,就轻举妄动,自取灭亡。从武则天执政的全部措施看来,虽有缺点,但还没有达到阻碍社会发展,非推翻不可的程度。所以几次反武动乱都没有得到进展就崩溃了,广大百姓毫不支持。所以,我们认为徐敬业和李氏诸王所发动的战争,是统治阶级的内部斗争,毫无进步意义可言,是增加百姓痛苦的反叛战争。

唐中央政府,即武则天,对叛军进行镇压,这虽然是理所当然的,但是唐中央的将官在这些战争中对百姓却非常残酷。例如:武则天命令丘神勣为行军大总管率兵进讨山东李冲,丘神勣到达博州时,李冲已经由于内部溃散而败亡,但丘神勣为了贪功,当博州官吏素服出迎的时候,竟把他们全数杀掉,"凡破千余家"。杀已经投降的李冲部下,已不应该,何况千余家里面一定有不少百姓呢!其次是,张光辅等奉命率三十万大军进讨河南李贞时,豫州之民,闻唐军到来,归顺者以万计,"逾城出降者,四面成蹊,明公纵将士暴掠,杀已降以为功,流血丹野"②!武则天的这些将官虽然这样残酷野蛮,而武则天对他们却没有加以责罚。

李贞一破,武则天马上派尚书省左丞狄仁杰为豫州刺史。当时被大将张光辅作为李贞的党羽而连坐的有六七百家,当籍没于官为奴婢的有五千口,有二千人转眼就会被处以死刑。刺史狄仁杰特上密表启奏,说这些人都是无辜被捕的,并对武则天说明所以用密奏的理由:"臣欲显奏,似为逆人申理;知而不言,恐乖陛下仁恤之旨。"因此,武则天下诏不杀一人,而把他们都流放于丰州(今河套上的五原)。当这批人路过宁州(今甘肃宁县)的时候,因为狄仁杰先做过宁州刺史,各阶层都很爱戴他,曾给他立德政碑,所以这时宁州父老都出来慰劳这批流放者们,说:"我狄使君活汝耶!"感动得一齐哭于狄仁杰德政碑下。到了丰州,他们也给狄仁杰立了纪念碑。

张光辅等在豫州还任意向刺史"需索财物",狄仁杰毅然拒绝。张光辅说:州官敢轻视元帅吗!狄仁杰义正词严地痛斥张光辅纵容部下杀降邀赏以为功,最后说:"恨不得尚方斩马剑加于明公之颈,虽死如归耳!"张光辅一时无言可对;但回朝之后,他

---

① 《资治通鉴》卷 204 垂拱四年。

② 《资治通鉴》卷 204 垂拱四年。

就极力说狄仁杰的坏话，迫使武则天调狄仁杰到更远的复州（今湖北沔阳）去做刺史[①]。

　　这年，武则天对李氏宗室大加镇压，且任用残忍无比的酷吏索元礼、周兴、来俊臣等。武承嗣则把人工伪造的石印，当作水神献出的"宝图"，因而给她加尊号为"圣母神皇"，举行了十分盛大的"拜洛受图"仪式。又建成了高三层的"明堂"和高五层的"天堂"及几丈高的大佛像。这些，正在一步一步地把武太后引导到了称帝的道路上去。

---

　　① 以上根据新、旧《唐书·狄仁杰传》及《资治通鉴》。参看《山西地方史研究》第一辑 61 页拙稿《狄仁杰》。

第七章
女皇帝的出现

一、女皇出现的经过

《资治通鉴》卷 204 的记载,一般是比较可靠的,其中叙述女皇出现的经过大致如下:

> 天授元年(690,武则天六十八岁)九月,丙子,"侍御史汲人傅游艺帅关中百姓九百余人诣阙上表,请改国号曰周,赐皇帝姓武氏,太后不许。擢游艺为给事中。于是百官及帝室宗戚、远近百姓、四夷酋长、沙门、道士合六万余人,俱上表如游艺所请,皇帝亦上表自请赐姓武氏。戊寅,群臣上言:有凤凰自明堂飞入上阳宫,还集左台梧桐之上,久之,飞东南去;及赤雀数万集朝堂。庚辰(后四日),太后可皇帝及群臣之请。壬午(又两日),御则天楼,赦天下,以唐为周,改元。乙酉(又三日),上尊号曰'圣神皇帝'(从此中国皇帝始有尊号),以皇帝为皇嗣,赐姓武氏;以皇太子为皇孙。丙戌(明日),立武氏七庙于神都(即东都),追尊周文王曰始祖文皇帝……(追尊武士彠)曰太祖孝明高皇帝,妣皆如考谥,称皇后。立武承嗣为魏王,三思为梁王……。命史务滋等十人存抚诸道。……冬,十月,壬申……制:天下武氏咸蠲课役"。①

690 年,武则天以女人而正式成为皇帝,这在我国封建皇朝历史上是空前绝后的事;还有,先是"关中百姓九百余人",接着是官民、僧道及民族首领共"六万余人",以自发的古代民主方式,请求武则天为正式皇帝,人数如此之多,也是我国封建史上空前绝后的。乍一看,几乎令人不敢相信,以为《资治通鉴》夸大了人数;但是读了唐人陈子昂的文章,就知道《资治通鉴》并没有夸大,是根据当时的可靠材料而编写的。《资治通鉴》根据了什么材料?已不得而知;但请愿人数之多,和当时曾经在洛阳见闻此事的陈子昂的记载,基本上相符。陈子昂在我国文学史上有重要的地位,是韩愈等古文运动的先驱者,此时他在东都任右卫胄曹参军,曾作《上大周受命颂表》和《大周受命颂四章并序》,在这篇序文里面,叙述了当时的情况说:

> (天授元年)九月戊申朔,八日乙卯,神都耆老,遐荒夷貊,缁衣黄冠等,万有

---

① 《资治通鉴》卷 204 天授元年条。魏徵曾对唐太宗说:"帝王之兴,百姓乐推,四海归命,天授人与,乃不为难。"(见《贞观政要》卷 1)。武则天改唐为周时,颇有此种情势,改年号为"天授",也许和魏徵这段话有关系。

二千余人，云趋诣阙门请曰："……臣等伏维陛下受天之符，为人圣母……。"……神皇（武则天）穆然，方御珍图，谦而不许也。越翌日丙辰，文武百寮又与耆老、夷貊、道俗等五万余人，守阙固请曰："盖臣闻圣人则天以王，顺人以昌，今天命陛下以主，人以陛下为母……陛下不应天，不顺人，独高谦让之道，无所宪法，臣等何所仰则！敬冒昧万死固请。"……"天意如彼，人诚如此，陛下曷可辞之！……陛下若遂辞之，是推天而绝人，将何以训"！于是，神皇需然曰："俞哉！此亦天授也。"乃命有司正皇典，恢帝纲，建大周之统历，革旧唐之遗号，在宥天下，咸与维新。①

陈子昂此文，是现存最原始的、可靠的材料，通过他的叙述，我们对武则天称皇帝那几天的情况，了解得更为具体些了。

中国封建史上唯一的女皇帝就是这样出现的。

周朝女皇帝虽然是第一次出现，但水到渠成之势，则早已形成了。

因为，武则天自从当了皇后，就逐渐掌握了最高权力，尤其是自高宗死后，以皇太后临朝执政以来，实际上群臣对她都称"陛下"，她自己也称"朕"。《唐大诏令集》的《光宅改元诏书》和《载初改元赦文》，皆可以为证。她虽然形式上是代理皇帝，而实际上早已经是真皇帝了。当时"劝进"的人们不过是顺水推舟、锦上添花而已，所以这场称帝的戏，进行得很顺利，差不多没有什么障碍。

---

① 《陈子昂集》卷7，第141页，中华书局版。

二、她为什么敢做皇帝

中国历史上,临朝而且握有实权的太后,较早的有汉高祖的吕后,较晚的有清朝的慈禧太后,但是她们都不曾,也不敢称皇帝,而武则天为什么就敢称皇帝呢?原来,她的地位在过去三十五年间,已经有了深厚的、牢固的基础。当时外戚里面武承嗣与武三思有较大的权力,改唐为周,当然是他们所希望的;但是,在女皇出现的过程中,这两人的作用,其实微乎其微。能有六万人出面请求,这正说明了武则天确实有广泛的威望和深厚的社会基础。三十五年来的威望基础,给了武则天以很大的自满和自信。同时她在儒家的道理上和宗法关系上,也自以为有一点根据,就是,据说武姓出自姬姓,始祖为周平王之少子①。她父亲又被唐高宗封过周国公,因此就把关系扯到古时极有名的周朝去,和周朝认作一家,把周文王尊为"始祖文皇帝"。特别是她从"化佛""化身"、女王当国等佛教说法中,取得了很大的力量和信心。例如,称帝前两个月,曾有"东魏国寺僧法明等,撰《大云经》四卷,表上之,言太后乃弥勒佛下生,当代唐为阎浮提(人间)主"②。武则天接受了这部新撰的《大云经》,并下诏颁行这部新经于天下,后来还命两京及诸州建造大云寺,藏《大云经》,让和尚升高座讲解,自然要强调武则天是弥勒佛化身。

其次,原有佛经《俱舍论》卷12说:"经说转轮王出现于世,便有七宝出现世间。"佛经又说:转轮王即位时转其宝轮(七宝之一),而降伏四方(故名转轮王)。因此,693年,武则天特意加号"金轮圣神皇帝",并在万象神宫(原明堂)举行仪式,大赦天下,还制作了金轮等七宝,每当大朝会,就陈列于殿庭。这也可见她自命是佛教的"转轮王"。

不久,和尚们又造《宝雨经》,说"佛授月光天子长寿女记,当于支那国作女主"③。

武则天不可能正确地理解为什么她会有这样的全国最高的权力和地位的。如果是男皇帝,他容易理解到他是出于"天命"的"天子",但武则天是女人,这就解释不通了。所以武则天能够理解而自信的就是,她是佛的化身,她是转轮王。而她的现实地位,也有力支持了她的这种迷信。

南北朝以来,佛教盛行,武则天本人也自小和佛教有深远的关系。《大云经疏》说:"神皇幼小时已被缁服。"岑仲勉先生在其《隋唐史》中否定这种说法,说"想必缁徒

---

① 见秦嘉谟辑补本的《世本》。
② 《资治通鉴》卷204 天授元年
③ 俞正燮:《癸巳存稿》卷12《僧家伪书》。

辈一面为其出宫为尼作掩饰"。陈寅恪先生则在《武曌与佛教》一文中,认为经疏之说可信,说:"然则武曌幼时即已一度正式或非正式为沙弥尼。"①我们认为陈寅恪先生的看法是对的,并且还见到一条材料可以作证。即,武三思作的《高皇后(则天之母杨氏)碑记》说杨氏嫁武士彟时已四十岁,以前杨氏曾经笃信佛教而出家为尼或当个女居士②。那么,武则天幼年,她母亲给她在佛寺挂个佛名,并叫她当个小小的女居士,这是完全可能的。

唐高宗的立后诏书中,既没有提到武则天幼年皈依佛门,也没提到她曾入感业寺为尼。但不能因此就完全否定此事,因为诏书中根本没有提这些事的必要,如果提到,就反而要解释她为什么又还俗嫁人,岂不啰嗦?

天授二年(691)四月,这位"圣神皇帝"又下诏书,升佛教的社会地位于道教之上。自从唐高祖李渊认李老道君为本家之后,太约七十年来,道教以国教的地位,居于佛教之上,现在却有问题了。在这道诏书上,她表明了她前生是佛,所以敢以女人来做皇帝。她说这是"开革命之阶,启维新之运"。确实,这在当时不是一件小事,在中国封建皇朝历史上是破天荒的举动。

如果还让道教居于首位,就等于承认道教是国教,李唐还是正统。道教的原有地位,已经和武周政权发生矛盾,这矛盾的解决,也是不容太缓的。宗教也是要为政治服务的,这是升佛教于第一位的真正原因。

只不过武则天在诏书里面,不愿意明白说出道教的地位和自己的政权有了矛盾而已。

宋人宋敏求编的《唐大诏令集》卷 113 载此《释教在道法之上制》,该诏书原文如下:

> 朕先蒙金口之记,又承宝偈之文,历数表于当今,本愿标于曩劫。《大云》阐奥,明王国之祯符;《方等》发扬,显自在之丕业。驭一境而敦化,宏五戒以训人,爰开革命之阶,方启维新之运,宜叶随时之义,以申自我之规。虽实际如如,理忘于先后;翘心恳恳,畏展于勤诚。自今已后,释教宜在道法之上,缁服处黄冠之前。庶得道有识以皈依,拯群生于回向。布告遐迩,知朕意焉。(亦见于《全唐文》卷 95)

---

① 陈寅恪先生文见《历史语言研究所集刊》第五本第二分册,收入《金明馆丛稿二编》,上海古籍出版社 1980 年版。

② 武三思文见《全唐文》卷 209。

唐朝以前,关于道教的起源,已有各种不同的看法。《魏书·释老志》说:"道家之原,出于老子。……上云羽化飞天,次称消灾灭祸,故好异者,往往而尊事之。"虽然葛洪《神仙传》说老子不过是"得道之尤精者也",《隋书·经籍志四》提到:道经说:先有元始天尊度太上老君等,但自东汉张角、张陵尊老子为教祖以来,老子的教祖地位,还是最为一般人所承认的。司马迁《史记》的《老庄申韩列传》说:"老子者,楚苦县厉乡曲仁里人也,姓李氏,名耳,字伯阳,谥曰聃,周守藏室之史也。"所以李渊建立唐朝之后,不久就和老子认作本家,谒老子庙,发布过《先老后释诏》,想借此抬高自己的身价和利用道教来扩大社会基础①。唐高宗又追尊老子为"太上玄元皇帝"。因此道教在唐朝,就有了最高的地位。现在武则天既然作为佛而转生人间,来做大周皇帝,那么,两教的地位,也就必须适应政权的变化而变化,佛教也自然应该跟着女皇而升居第一位了。何况当时佛教正有空前发展,实际的社会地位,早在道教之上了。武则天执政期间,名僧特别多,各宗大盛。例如,求法归来而成就特著的玄奘与义净、净土宗大师善导、禅宗大师神秀与慧能等等,都是我国宗教史上的重要人物②。

武则天虽然曾经在感业寺里当过四年尼姑,现在又自称为佛的化身,但她自当皇后执政以来,对道教并不歧视,以前她曾随同唐高宗到华山在道士跟前跪拜;称周帝以后,也下过诏书禁止僧、道互相毁谤。原诏说:

> 佛、道二教,同归于善,无为究竟,皆是一宗。比有浅识之徒,竞生物我,或因忿怨,各出丑言。僧既排斥老君,道士乃诽谤佛法,更相訾毁,务在加诸,人而无良,一至于此! 且出家之人,须崇业行,非圣犯义,岂是法门! 自今僧及道士,敢毁谤佛、道者,先决杖,即令还俗!③

通过诏书不难看出:一、武则天称帝之后,升佛教于道教之上,引起了道士们的不满,和僧、道双方的谩骂;二、社会地位的高低,即便是以"清净""忍辱"为本旨的宗教界也是很重视的④,何况是"俗界"的人们呢?

女皇帝的出现,是一条很重大的新闻,人们到处在谈论这件事,这是完全可以理解的。可是,酷吏们贪功图利,就乘此时活跃起来诬陷无辜的人们了。

---

① 《先老后释诏》见于《唐文拾遗》卷1。
② 参看陈寅恪:《武曌与佛教》,《历史语言研究所集刊》第五本第二分册。
③ 诏见于《唐大诏令集》卷113《条流佛道二教制》,又见《全唐文》卷95。
④ 武则天死后,唐中宗复位之第三年曾发布《僧、道齐行并进制》,说明以后佛、道平等,集会上齐行并进,可见二教一直在斗争。诏见于《唐大诏令集》卷113。

第八章
做女皇时期

690年阴历十月，六万多名臣民在东都拥护武则天登上皇帝宝座，使中国大地上破天荒出现了女皇。

女皇在位十五年之久。

前此，做皇太后的六年中，外有徐敬业率兵叛乱，内有宰相裴炎阴谋政变。不久，又有李家贵族的叛变。为了安全，为了肃反，武则天不能不采取必要措施，以加强耳目，扩大侦查。

她用人，从来就是不分出身，唯才是用。一些闾巷小人，就乘机而入，当上了侦查人员。这些人就是仗势横行、胡乱捕人的"酷吏"。例如周兴、来俊臣。

后来，她已经察觉到酷吏的横行与罪恶，所以，做女皇时期，首先诛除酷吏。

一、杀酷吏周兴、来俊臣

自从徐敬业及李家诸王搞起叛乱，要用武力推翻政府之后，武则天方面自然也因之紧张起来，加强了防备与侦查；但是周兴、来俊臣、索元礼等酷吏，却乘机窃取权位，形成一种特务势力，专以侦探告密、酷刑逼供、诬陷牵连，使朝官家破人亡为能事。

武则天称周帝之后，有人议论，而没有人组成反对派进行活动；但是周兴、来俊臣等特务们图利贪功，依然进行罪恶活动。

幸而当时公正的法官，像徐有功、杜景俭、李日知等有群众拥护，还能存在。比如徐有功"独存平恕"，"不施敲扑……酷吏所诬构者，有功皆为直之，前后所活数十百家。尝廷争狱事，太后厉色诘之，左右为战栗，有功神色不挠，争之弥切"。有一回，周兴控告徐有功释放的反因，罪当斩，"太后虽不许，亦免有功官。然太后雅重有功，久之，复起为侍御史……远近闻者相贺"。又比如李日知也是能坚持自己的公正判决的，他的同僚"胡元礼欲杀一囚，日知以为不可，往复数日。元礼怒曰：'元礼不离刑曹，此囚终无生理！'日知曰：'日知不离刑曹，此囚无死法！'竟以两状列上，日知果直"①。

同时，武则天也先后下令杀了周兴与来俊臣等。

武则天女皇虽然老了，但还能掌握住最高的大权。比如当她知道周兴等的罪恶时，她就断然处以刑罚。691年（则天六十九岁），也就是称周帝后的第二年，大将军丘神勣因罪被杀之后，有人告周兴和丘神勣通谋，"太后命来俊臣鞫之。俊臣与兴方推事对食，谓兴曰：'囚多不承，当为何法？'兴曰：'此甚易耳：取大瓮，以炭四周炙之，令囚入中，何事不承！'俊臣乃索大瓮，火围如兴法，因起谓兴曰：'有内状推兄，请兄入此瓮！'兴惶恐，叩头伏罪。法当死，太后原之。二月，流兴岭南，在道，为仇家所杀。兴与索元礼、来俊臣竞为暴刻，兴、元礼所杀各数千人，俊臣所破千余家。元礼残酷尤甚，太后亦杀之以慰人望"②。

长寿元年（692），武则天又命监察御史严思善打击那些专门诬陷告密的酷吏爪牙们："（严思善）公直敢言。时告密者不可胜数，太后亦厌其烦，命思善按问，引虚伏罪者八百五十余人。罗织之党为之不振。"③

但是，酷吏政治还没有完全结束，来俊臣、武懿宗等还在横行。

---

① 以上皆见《资治通鉴》卷204垂拱三年、天授元年。
② 《资治通鉴》卷204天授二年。
③ 《资治通鉴》卷205长寿元年。

虽然有李昭德与周矩等正直勇敢的大臣们出面和来俊臣斗争,但武则天对于酷吏来俊臣罪恶的认识,却是晚了六年,几经迟疑,才加以肯定。"来俊臣倚势贪淫,士民妻妾有美者,百方取之。或使人罗告其罪,矫称敕以取其妻。前后罗织诛人,不可胜计"! 697年(则天七十五岁),来俊臣诬陷大臣李昭德下狱,又计划诬告武氏诸王及太平公主等谋反。河东(蒲州)人卫遂忠揭发了来俊臣的大阴谋,"诸武及太平公主恐惧,共发其罪,系狱,有司处以极刑"。但是判决来俊臣的奏章上去了三天,还没有被女皇批准。这天,武则天骑着马在御花园里游赏,她问牵马的肃政台中丞吉顼:外面有什么事情没有?吉顼说:外面大家只是怪判决来俊臣的奏章几天还没批下来。武则天说:"俊臣有功于国,朕方思之。"吉顼说:"俊臣聚结不逞,诬构良善,赃贿如山,冤魂塞路,国之贼也,何足惜哉!"武则天这时才下了批准的决心。而大臣李昭德和酷吏来俊臣竟同时弃市,"时人无不痛昭德而快俊臣,仇家争啖俊臣之肉,斯须而尽,抉眼剥面,披腹出心,腾踏成泥。……士民皆相贺于路曰:'自今眠者,背始帖席矣!'"①

武则天还特意发布一篇诏书,说明来俊臣的罪恶和给他的刑罚。原文是:

> 来俊臣闾巷小人,奸险有素,以其颇申纠摘,将谓微效款诚,遂拔自泥涂,齿于簪绂。岁月滋久,涓埃莫施;专构凶邪,每相朋扇。隐逆贼之妹,尤深嬖宠;逼良家之女,以为妾媵。作威作福,无礼无义。剥夺甚崔蒲之盗,赃贿逾丘山之积。诸王等磐石宗枝,必期毁败;南北衙文武将相,咸将倾危。冀得窃弄机权,方拟潜为悖逆,无君之心已著,不臣之迹显然。天下侧目,含灵切齿,擢其发不足以数罪,粉其骨不足以塞愆。弃市之刑,严酷未极;污宫之辟,舆议所归。宜加赤族之诛,以雪苍生之愤!②

以前武则天诛戮周兴等酷吏,都没有发布过诏书,这一次这样做,说明了她对来俊臣以至特务政策已有了最后认识。武则天的特点之一就是,迟早她能洞识是非利弊,而且一旦认识了,就彻底执行。在诛戮来俊臣和结束特务政策上,她也表现了这一特点。这篇诏书也表示了武则天的决心,也说明了大小特务已经到了末日,因而使得许多人从诏书里获得了力量与信心,就充分地发泄了对来俊臣之流的仇恨。

来俊臣弃市后,武则天又通过一些事实,进一步了解了周兴、来俊臣等特务头目的权势曾大到令人吃惊的程度。选官的侍郎不敢不接受他们引荐的大批官员,宰相

---

① 以上皆引自《资治通鉴》卷 206 神功元年。
② 《全唐文》卷 95《暴来俊臣罪状制》。

且受到逼胁不敢救别人甚至不能自保。比如，来俊臣死后，吏部侍郎皆自首，承认曾受来俊臣的嘱托，违法录用他所指定的人，每次竟多至数百人。武则天责备了侍郎们，但他们说："臣负陛下，死罪！臣乱国法，罪止一身；违俊臣言，立见灭族。"又比如，一日武则天对侍臣说：近年周兴、来俊臣办案，多牵连朝臣，说某某谋反，既然国有常法，我是皇上也不敢徇私违法。有时怀疑其中似有枉滥，因而叫近臣到监狱去查问，但是近臣带回来的囚犯供词，明明白白都是自己承认了反罪，我也就不再怀疑，批准所奏了。可是自从来俊臣死后，却听不到有人谋反了。这就奇怪了，这是什么缘故？好像谋反案件，都是周兴、来俊臣制造的。岂不是以前因谋反罪名而死的，都是冤枉么？姚元崇（即后来玄宗朝的名宰相姚崇）就说：早几年以来，因谋反罪而死的，多数是周兴、来俊臣等企图立功而罗织成狱的。皇上叫近臣去查问，其实，近臣在他们的威势和压力之下，也像泥菩萨过河，怕不能自保，他哪能主持公道，解救别人！如果认真查问，或者翻案，就怕先遭了酷吏们的毒手。现在，天幸陛下圣明，来俊臣也杀掉了，我敢以全家作保："自今，内外之臣无复反者。若微有实状，臣请受知而不告之罪！"则天听了很高兴，说：以前酷吏横行，而"宰相皆顺成其事，陷朕为淫刑之主。闻卿所言，深合朕心！"赐元崇钱千缗①。

由此可见：(1)武则天当时是全国的最高统治者，为了维持和巩固自己的权势与地位，她和别的各朝各国的男皇帝一样，经常警惕着，伸长触角，侦察周围情况，怀疑并严惩一切真的反对者；(2)但是，周兴等特务头子，横行霸道，罗织无辜，竟凶恶到如此程度，武则天初时是不知道的；(3)她一旦知道特务害人的真相之后，就努力去扭转这种无法无天的局面，严办特务头子，澄清政治；(4)特务横行一时，武则天应负一定的责任。首先是由于她失察纵容，可是还不能说完全是她一个人造成的。由于封建制度和各人的自私自保思想，多数朝官，甚至"宰相皆顺承其事"，也是重要原因之一；(5)697年，杀来俊臣，结束了特务政局，此年，则天已经七十五岁，她还是头脑清明，稳握大权，亲自处理国家大事，这也是中外古帝王中不多见的。

---

① 以上根据新、旧《唐书·姚崇传》，但引文皆出自《资治通鉴》卷206神功元年。

二、召还庐陵王立为太子

697年,特务政治结束时,武则天已经七十五岁了。自690年改唐为周,由皇太后成为皇帝以来,武则天心里一直有个不好解决的问题,那就是:自己去世之后,这天下应该传给武家呢?还是应该传给李家?虽然唐睿宗(李旦)已经改姓武,而变为周朝的"皇嗣",但他毕竟是李家的子孙,自己已经七十多岁,皇位早晚要人接替,这也是大家都能想到的。因此唐睿宗成了问题的焦点,在她犹豫不决时,为了避嫌,于是就下令禁止公卿私谒皇嗣,违者处死。

693年(诛来俊臣之前四年),甚至有人诬告说,唐睿宗"潜有异谋"。武则天照例命令来俊臣去办理。来俊臣首先审问睿宗的左右诸人,他们受不过毒刑,都只得承认了。唯有乐器上人安金藏却始终说睿宗没有谋反的事,最后他慷慨激昂地大声对来俊臣说:你既然不信我的话,就请剖开我的心来证明皇嗣不反吧!说罢,就用自己的佩刀自剖胸腹,"五脏皆出",血流满地。武则天听到这个消息,立刻吩咐把安金藏用车子载入宫里医治。医生把安金藏的"五脏"(大概流出的只是肠子)纳入体内,用桑皮线缝住伤口,敷好了药。过了一夜,安金藏才醒过来。武则天亲自去看他,叹息着说:"吾有子不能自明,使汝至此!"并命令来俊臣停止审问此案。这是称周帝后第三年的事①。

当时武承嗣与武三思(都是武则天的娘家侄儿)不仅都封了王,而且有宰相的职权。武承嗣尤其想在武则天称帝后当皇太子,因此进行了一系列活动,企图先被武则天立为皇太子。比如,691年,有洛阳人王庆之等数百人上表,请立武承嗣为皇太子。但是,武则天没有马上答应,而更陷于苦恼之中。后来,大臣李昭德把王庆之打死,并驱散他的党羽。武则天没有加罪于李昭德,这说明她还是倾向于传位给自己的子孙的。

另一方面,多数臣民都认为武则天的亲生儿子是合法的帝位继承者,即使改姓武也可。比如,冀州武邑文士苏安恒曾"投匦上疏,请禅位东宫"。"则天召见,赐食慰谕而遣之"②。这些年,李昭德与吉顼等都先后向武则天陈说过不能立武姓侄辈为太子的道理,武则天都曾倾听。最后,698年,宰相狄仁杰又对武则天反复解释说:"且姑侄之与母子,孰亲?陛下立子,则千秋万岁后配食太庙,承继无穷;立侄,则未闻侄为天子而附姑于庙者也。"

---

① 参阅《资治通鉴》卷205长寿二年。
② 《旧唐书》卷187《忠义列传》。

唐中宗自684年被废为庐陵王之后，先迁于均州，第二年又迁于房州（今湖北房县）。这时，宰相狄仁杰和大臣王方庆等为了增强一点李家宗室的力量，以利于与武承嗣、武三思等斗争，又屡劝武则天把庐陵王召还东都，狄仁杰总是从母子之爱出于天性等方面来劝导武则天。这年三月，七十五岁的老母亲终于把现存最大的儿子（庐陵王）召还宫中。武则天并且听从狄仁杰的建议，举行了迎归仪式，以使上下周知。但是，召还庐陵王，还不等于立庐陵王为太子①。

此时武则天在皇位继承问题上，虽然已经决定立子而不立侄，但是，自从召还庐陵王及其妻子之后，又发生了另一个问题。就是，按照中国封建国家制度，有"立长"的传统家法，而现在的皇嗣（太子）却是庐陵王之弟，现在同居东都就会使兄弟间的矛盾迅速增长。最后，皇嗣（李旦）表示退让，而且态度很坚决。但是武则天总觉得庐陵王缺乏做皇帝的能力，经过半年的考虑，才勉强做下决定。九月，终于下诏许可皇嗣逊位，仍为相王，又立庐陵王（李哲）为皇太子，复名李显。第三天，又下令：新太子为河北道行军元帅（只是挂名）。又五日，任狄仁杰为副元帅，实际负责抵抗突厥默啜可汗的骚扰。

---

① 关于武则天立子立侄的问题和召还庐陵王的过程，史书上记载不少，颇不一致。《通鉴考异》已经研究了《旧唐书》《新唐书》《狄梁公传》《谭宾录》《御史台记》《唐统纪》《唐实录》诸书所记，最后"采众说之可信者，存之"。可参看《资治通鉴》卷206圣历元年。但我认为《资治通鉴》虽然态度谨严，是比较可靠的旧史书，不过在这些问题上，他们所"存"的仍然不能说都是"可信"的。所以本书很多地方根据《通鉴》，但也不尽从《通鉴》。又，《梁公九谏》一书，记狄仁杰九次谏女皇武则天不可立武三思为太子，应该立庐陵王，也未可尽信。

三、突厥默啜可汗的叛乱

在武则天为周帝的十多年间,东都朝廷里面,正值"多事之秋",已如上述。国内情况,基本上和以前差不了多少,但百姓的兵役、徭役负担比前加重,阶级矛盾已见增长。这和民族矛盾的发展有关系。比如,由于西突厥及朝鲜半岛民族势力的恢复与发展,武周对这些地区已经不易控制,但又还想维持原来的局面,因此"西成四镇,东成安东,调发日加,百姓虚蔽",以至"方今(697)关东饥馑,蜀汉逃亡,江淮以南,征求不息,人不复业,则相率为盗"①。在西方和北方边境上,则吐蕃和突厥的统治者,依旧常来骚扰。东北方面,因为都督赵文翙欺侮自己管下的契丹族首领,激起了李尽忠和孙万荣的武装反抗,自今山海关外的朝阳打到了今河北的中部乃至南部。第二年,由于百姓和兵士的坚决抵御,以及突厥默啜可汗的助战,和契丹军中奚族人的兵变与夹击,武周政府才平定了契丹的侵扰。契丹和突厥都是我国的兄弟民族,早已成为唐朝的一个组成部分,不是独立国家。

但是,不久后突厥默啜可汗就又成为边患,屡次南下杀掠。默啜可汗这个军事集团,和其兄骨笃禄可汗一样,也是野心勃勃、贪得无厌的。受武周册封及自请为女皇之子后,不久竟提出了无理要求,周朝君臣再三考虑,不得已允许所请给了他丰、胜、灵、夏、朔、代六州(今宁夏至山西北部)的"降户"数千帐、谷种四万斛、杂彩五万段(一段四丈)、农器三千件、铁四万斤。同时默啜在对契丹作战时,又掳掠了大量人口与财物。因此,他的势力迅速强盛。698年八月,默啜扰妫、檀等州,不久又陷定州,围赵州(皆今河北省境内)。武则天立即发兵三十万,分三路阻击默啜,又以兵十五万为后援。朝廷增募兵员时,"先是,募人月余,不满千人;及闻太子为元帅,应募者云集,未几,数盈五万"(但实际是由于名宰相狄仁杰出马为副元帅之故)。叛乱首领默啜知道,这些措施和情况都对他不利,就灭绝人性地把所掠赵、定等州男女万余人全数杀死,由易县北退,"所过杀掠,不可胜纪"。新上任的副元帅狄仁杰率兵十万赶紧追击,但没有追及。十月,以狄仁杰为河北道安抚大使。"仁杰于是抚慰百姓,得突厥所驱掠者,悉递还本贯。散粮运以赈贫乏,修邮驿以济旋师。恐诸将及使者妄求供顿,乃自食疏粝,禁其下无得侵扰百姓,犯者必斩。河北遂安"②。

同时还有一同出征河北的将领,叫武懿宗,他是武则天伯父武逸的孙子,是酷吏一流的坏人。他倚仗着武家贵族的身份,常常胡作非为。这次他也率领一支军队来

① 皆狄仁杰所上奏疏中之语,见《旧唐书·狄仁杰传》。
② 《资治通鉴》卷206圣历元年。

83

到河北。他竟认为还留在本乡而没有拿起武器抵抗默啜可汗的百姓都有罪,而加以滥杀,并欺瞒女皇,说他杀了很多敌人,立下了大功。

狄仁杰则相反,努力安抚百姓,并设法解救被武懿宗所逮捕和将遭屠杀的百姓①。

又明年,狄仁杰病死了,武则天非常伤悲。

① 《册府元龟》卷312《谋狱》部载有狄仁杰疏文。

第九章
女皇的退位

一、魏元忠、宋璟等和二张的正面斗争

武则天一生身体健康,精神饱满。自从升为皇后时起,她就热心政治,勤理国家大事,在漫长的年月里,在许多矛盾和斗争中,她受到了有益的锻炼,也消耗了很多的精力。她的文武大臣,像李勣、苏定方、刘仁轨、薛仁贵、裴行俭、许敬宗、徐有功、娄师德、狄仁杰等等,在这几十年中间,都先后死去了,同时女皇也毕竟到了晚年。

这时,第7世纪已经结束,第8世纪刚刚开始。

武则天自从以太后临朝及为女皇以来,就不拘旧例常规而放手选用人才,二十年间,已有积极的效果。当她到晚年时期,求才心更急。有一次,武则天问狄仁杰说:"朕欲得一佳士用之,谁可者?"仁杰说:"未审陛下欲何所用?"女皇说:"欲用为将相。"仁杰说:"陛下求文章资历,则今宰相李峤、苏味道足矣,岂文士龌龊不足以成天下务哉?"女皇说:"正是。"狄仁杰就说:"荆州(大都督府)长史张柬之,其人虽老(七十多岁),宰相材也。"则天就下令擢升张柬之为东都畿内的洛州司马。

过了几天,女皇又要求仁杰推荐将相良才。仁杰说:"前荐柬之,尚未用也。"武则天说:"已升为洛州司马。"仁杰说:"臣荐张柬之为宰相,非为司马也。"武则天虽然放手用人,但并不轻率,常常采取逐步提升的办法,她于是升张柬之为刑部少卿,后又升为刑部侍郎。数年之后,姚崇奉命为灵武军使,将出发时,武则天又问他:"六部官员中谁可为相?"姚崇说:"张柬之沉厚有谋,能断大事,其人老,惟急用之。"女皇即日召见,用为宰相。

女皇除需要宰相之外,也需要一些侍从小官。晚年,由太平公主推荐了张昌宗为散骑常侍,其兄张易之也因此为司卫少卿。此二人很受则天的宠信,得到许多赏赐,就购置房舍土地,骄纵奢华,并且兄弟五人都有官职。二张和武氏贵族武三思、武懿宗等,在思想上、生活上臭味相投,关系也就密切起来了(此时武承嗣已死)。他们几年之内,已在宫中形成一种势力,虽然不能左右朝政,却也引起了满朝文武的注目。在那些抱着李家正统思想的大臣们看来,当此武则天风烛残年的时候,这是特别可疑可虑的势力。

701年,二张入宫已经四年。二张地位不过是女皇的侍从官,但和一些年轻的文士及外戚互相吹捧结纳,二张兄弟四五人又恃宠骄恣,作威作福。这自然要引起宫内宫外的议论和厌恶,而且会引起部分贵族和大臣担心要发生政变。因为女皇已经七十九岁了,精力已差,又常常生病,一旦倒下,政权到底由谁继承?这在统治阶级内部来说,确实是个大问题。

这时女皇朝廷的主要矛盾和斗争,是复唐派和二张派的矛盾与斗争。

唐中宗(李显)的儿子邵王李重润、女儿永泰郡主和驸马武延基,都是二十岁左右的贵族青年。

长安元年(701)九月,武则天忽然认为邵王李重润、永泰郡主、武延基都有重大罪行,因而命令唐中宗讯问,最终逼令三人自缢而死。

《旧唐书》卷78《张易之传》说,这是因为他们三个人曾经议论张易之兄弟在宫中专权,并表示了不满,所以就被张易之所控告,而遭到悲惨的处置。

《资治通鉴》卷207"大足元年(即长安元年)条"也说:"易之诉于太后","太后皆逼令自杀"。《通鉴考异》还说他们这是参考了《则天实录》的。

《则天实录》现在看不到了,原文怎样记载这一事件,已不得而知。《实录》虽然是第一手材料,也不一定都正确,而且正因为《实录》是当朝史臣编写的,必然有许多顾虑,也就有不少隐讳。

李重润和武延基的地位之重要,我认为是应该和这一事件联系起来研究的。李重润是唐中宗的长子,唐高宗的长孙,当年唐高宗特别重视他,曾破例封李重润为皇太孙。唐中宗被武太后废为庐陵王时,李重润也被废为庶人。十四年后(608),唐中宗被女皇召还宫中,升为皇太子,李重润也封为邵王。可见女皇的这位皇孙,是有将来继承皇位之资格的。而武延基也是朝廷中很重要的人物之一,他是武承嗣之子,是武士彟及武承嗣的王爵继承人。如果把帝位传给武家子孙的话,武延基是第一个有资格接受的人。他又是李唐的驸马,是双料的贵族。既是这样,那么,武则天为什么又忍心处死这些如此重要的人物呢?

从历史上看,重要贵族之被杀,总是因为有了重大的政治问题和政治斗争的缘故。且说近的吧,武德朝的太子李建成、齐王李元吉,贞观朝的太子李承乾、汉王李昌,高宗朝的高阳公主与驸马房遗爱,这些头等贵族之死,都是由于要搞政变、图谋夺取帝位而被杀的。所以,我认为邵王李重润等三人之被迫自尽,不是像史书上说的,是由于他们议论了张易之兄弟"何得恣入宫中"专权跋扈,是由于发现了他们要搞政变,消灭张易之集团,拥护中宗复位,或自己提早上台,才给以如此严厉的处置。

所以,这问题不是武则天的家庭问题,不是私事,而是国事;执行的也不是家法,而是国法。

试看韦安石、魏元忠、张说、宋璟等大臣,都曾斥责过二张兄弟,而武则天却并没有因此要把他们处死。可见李重润等三人的活动,已超过了"窃议"或辱骂的程度。如果不是有政变阴谋之类,是不会叫太子(李显)去"鞫问"处死的。

不论事件的性质如何,三人之被处死和张易之兄弟之得宠(虽不一定到了专权程度)却大有关系,这点总是真实的。当时宰相以下的大臣,基本上都是不满二张的复唐派,他们当然同情李重润等三人,而更恨二张,所以《旧唐书》卷86《懿德太子传》说,李重润"风神俊朗,早以孝友知名,既死非其罪,大为当时所悼惜。中宗即位,追赠皇太子,谥曰懿德,陪葬乾陵。……又赠永泰郡主为公主,令备礼改葬,仍号其墓为陵焉"。

二张被打倒后,李重润和永泰郡主马上获得了无比的光荣,完全翻了案。从这里也可以看出,这些都是两派正在进行政治斗争的表现。在复唐派看来,李重润等那样要搞政变打倒二张,是正义的,死是"非其罪"的①。

总之,李重润兄妹等三人在这次政治斗争中失败了,但他们的死,却激励了复唐派,使他们对二张兄弟更加切齿,打倒二张拥中宗复位的斗争,也就更加激烈了。

到武则天晚年,复唐派和二张派的斗争,是越来越激烈了。

首先,有急先锋魏元忠及宋璟等和张家兄弟展开了正面斗争。

魏元忠是太学生出身,后从江融习兵法,曾传所学。678年,唐高宗、武后在东都时,魏元忠上书大谈命将用兵之要点,高宗因此任魏元忠为秘书省正字,后升为侍御史。徐敬业反叛时,武太后命魏元忠为李孝逸军的监军,因他的策划建议正确,促成唐军迅速获得了胜利。其后,被酷吏周兴、来俊臣先后陷害数次,被捕下狱,往往九死一生。例如,689年有许多人被诬以和徐敬业通谋之罪,魏元忠也被罗织在其内,论法当斩。魏元忠等已被押到刑场了,多亏武则天忽然心机一转,赦他死罪,改为流刑。当时特使王隐客飞马传呼宣赦,声达于市,消息已先传到刑场,被赦者都雀跃欢呼,坐立不定,魏元忠独安坐自如,不为所动。有人叫他起来,他说消息未定真假。王隐客到了,又叫他起来,他说等命令宣读完了也不晚。宣读毕,魏元忠才徐起舞蹈再拜,表示谢恩,但脸上竟无忧喜之色。其后,在一次宴会上,武则天问魏元忠:你为什么累遭谤毁诬陷? 元忠说:"臣犹鹿也,罗织之吏如猎者,需臣肉为羹,彼将杀臣以求进。臣顾何辜!"在酷吏横行的那几年,这种无可奈何的认识和说法,是相当流行而有代表性的。

武则天晚年,升魏元忠为宰相。后任并州长史,而为肃政台御史大夫兼洛州长史。这时张昌宗的弟弟张昌仪做洛阳县令,此人年少狂妄,仗着哥哥们的势力,每次到上司衙门议事,他都不按规矩站在堂下,而直上长史的办公厅。魏元忠既不怕张家势力,哪还怕这个县令? 看见张昌仪上来,就把他喝叱下去。张易之的家奴在东都市

---

① 李重润、永泰兄妹等被处死事件的资料,见于下列诸处,略有出入:《旧唐书》卷78《张易之传》,又卷86《懿德太子传》,又卷183《武承嗣传》。《新唐书》卷81《懿德太子传》,又卷83《永泰公主传》,又卷104《张易之传》,又卷206《武承嗣传》。《资治通鉴》卷207长安元年。《唐会要》卷21诸僭号陵,又陪陵名位。

上横行霸道,魏元忠就把他捕来打死。

不久,魏元忠又为宰相。这时,诸张给张易之之弟岐州刺史张昌期活动,企图升为雍州(长安地区)长史,武则天先问宰相们说:"谁可以为雍州长史?"魏元忠说:现在朝臣之中,薛季昶最相宜。武则天说:"薛季昶久任京府之官,我想给以别的官职,张昌期怎样?"有的宰相就顺旨说:"陛下得人矣。"但是魏元忠说:张昌期不行,此人年少不懂政事,在岐州刺史任内,压榨百姓,以至户口大量逃亡;而且雍州是帝京所在,政事繁剧,不如薛季昶干练而富于经验。因此,武则天取消了升迁张昌期的主意,诸张的活动全落了空。魏元忠又曾在武则天跟前表示对张易之、张昌宗的不满与憎恶,他对武则天说:"臣自先帝(高宗)以来,蒙被恩渥,今承乏宰相,不能尽忠死节,使小人在侧,臣之罪也。"①

魏元忠这样抨击张家兄弟,当然使诸张怨恨而且恐惧,他们甚至害怕已老且病的靠山(武则天)一旦死去,就会被魏元忠等逮捕治罪。703年(女皇八十一岁)九月,张昌宗等和魏元忠就在武则天跟前展开了一次激烈的斗争:张昌宗控告宰相魏元忠和司礼丞高戬私议,说太后老了,不如扶持太子。武则天一怒,就捕二人下狱。张昌宗又去收买凤阁舍人张说(读"悦"yuè),许以相位,要他作证人,张说不得已假意答应。第二天,武则天叫太子(即中宗李显)、相王(即睿宗李旦)参加,命诸宰相会审魏元忠等于内殿。双方辩论,是非难决,张昌宗就说:"张说曾听魏元忠说过那样的话,可以叫张说作证。"武则天就传旨召张说进来,张说的同事宋璟听到张说要去作证,就激励张说:"名义至重,鬼神难欺,不可党邪陷正,以求苟免。若获罪流窜,其荣多矣;若事有不测,璟当叩阁力争,与子同死!努力为之,万代瞻仰,在此举也!"殿中侍御史张廷珪也对张说说:"朝闻道,夕死可矣!"左史刘知几也说:"无污青史为子孙累!"张说在他们热诚正直的激励之下,增强了无穷的力量和决心。

张说进入殿庭,女皇就问他:"你是否听见魏元忠说过?"但是他没有立刻回答。魏元忠马上着了急,就说:"张说欲与昌宗罗织魏元忠耶!"张说就用叱责的口气说:"元忠为宰相,何乃效委巷小人之言!"此时,张昌宗就在张说旁边威逼他:"快说!快说!"于是,张说慢慢地对女皇说:"陛下视之!在陛下前,犹逼臣如是,况在外乎!臣今对广朝,不敢不以实对:臣实不闻元忠有是言,但昌宗逼臣使诬证之耳……臣岂不知,今日附昌宗,立取台衡(相位);附元忠,立致族灭!但臣畏元忠冤魂,不敢诬之耳。"张昌宗等骂张说为"反复小人",并说他和魏元忠同反,因此张说也下了狱。改天再审,张说不改口。后又命诸宰相和武懿宗(武家贵族,也是酷吏)共同审问此案,张

---

① 《资治通鉴》卷207长安三年。

说坚持前说。此时一些刚正大臣,像朱敬则、苏安恒等以激烈言词,抗疏为魏元忠申冤。但是,最后仍贬魏元忠为高要县尉,张说与高戬流放岭南。魏元忠临走,曾向女皇辞行,仍力攻二张。时有崔贞慎等八人在东都郊外摆酒为魏元忠钱行,张易之等又告他们谋反。幸得负责审问的监察御史马怀素公正不苟,并再三据理向女皇解释,才算没事。

这一场斗争及其结果,说明了女皇又受到了坏人的蒙蔽,也说明了张家兄弟气焰之高。但是很多正派大臣,比如素称"方重""清严"或"耿介有大节"的韦安石和宋璟等,还是不怕他们的。例如,在一次宫殿里的某种娱乐性的宴会上,张易之竟把四川富商宋霸子等也引进宫里来了,而且和他们作赌博游戏。宰相韦安石就跪奏女皇说:商人是贱类,不应当到殿上来。韦安石并且马上叫左右的人把富商们领出去。全殿立刻紧张起来,大家几乎都变了脸色,然而,女皇认为韦安石很对,特意用好颜色、好言辞来慰勉韦安石。宴后,凤阁侍郎陆元方出来对人说:"韦公真宰相!"这种赞叹声,当时绝不止出于一人之口的。

又比如,宋璟中进士之后,初为上党(今山西长治)县尉,后升至监察御史及凤阁舍人,也是武则天选拔而赏识的一个人才。有一次女皇"命朝贵宴集,张易之兄弟位皆在宋璟之上。易之素惮璟,欲悦其意,虚位揖之曰:'公方今第一人,何乃下坐?'璟曰:'才劣位卑,张卿以为第一,何也?'"当时家奴对年轻主人都称某郎,较亲密的友人及门生也多如此,所以武三思等平日都称张易之为五郎,称张昌宗为六郎。这天,有个天官侍郎郑某就质问宋璟说:"你为什么那样不客气称五郎为卿?"宋璟说:"以官言之,正当为卿。足下非张卿家奴,何郎之有!"听到宋璟这种严正的斥责,满座都为之悚然。

有人以为武则天一直居住洛阳,不敢回长安,这是没有根据的臆说。武则天晚年,还在长安整整住了两年,701年十一月到长安,703年十月才回东都。

704年,女皇在东都。冬天,患病已久,"宰相不得见者累月,惟张易之、昌宗侍侧。屡有人飞书及榜其书于通衢,云:'易之兄弟谋反。'杨元嗣告昌宗尝召术士李弘泰占相,弘泰言昌宗有天子相,劝于定州造佛寺,则天下归心"。女皇批准御史中丞宋璟等数人审问张昌宗与李弘泰。张昌宗说,他早已把这事上奏过了。因此有些法官认为可以算作自首,依法原宥;但宋璟不同意,他说:"昌宗荣宠如是,复召术士占相,志欲何求?弘泰称筮得纯乾天子之卦,昌宗倘以弘泰为妖妄,何不执送有司?虽云奏闻,终是包藏祸心,法当处斩破家,请收付狱,穷理其罪!"女皇看到宋璟奏章,迟迟不答,并几次调宋璟赴外地做官,但宋璟坚不奉诏。司刑少卿桓彦范和崔玄晖等也屡次请求治张昌宗的罪,并认为该得死罪。宋璟又请下令逮捕张昌宗,且对女皇说:"若昌宗不服大刑,安用国法!"女皇"温言解之"。宋璟声色逾厉曰:"昌宗分外承恩,臣知言出祸从,然义激于心,虽死不恨!"宰相杨再思怕宋璟触怒女皇,就说,皇上有旨叫你出去。但是宋璟说:"圣主在此,不烦宰相擅宣敕命。"女皇不得已命令张昌宗去受审。宋璟"庭立而按之;事未毕,女皇遣中使召昌宗,特敕赦之。璟叹曰:'不先击小子脑裂,负此恨矣!'"女皇又使昌宗兄弟到宋璟家去谢罪,宋璟拒绝不见。斗争局面越来越紧张了。

二、张柬之政变集团的活动

宋璟等剑拔弩张和张氏兄弟作正面斗争的时候，却有另一群大臣，就是刚升为宰相才三个月的张柬之和狄仁杰所引荐的一群人，都不动声色，也不依赖法律，而采取了切实有效的行动。

当时的情况是，女皇长期重病，不能坐朝理事，也不让太子出来监国，而经常随侍在女皇左右的，除太平公主、上官婉儿等之外，就是二张兄弟。二张即使没有篡夺帝位的野心与胆量，但确实有重大的恐惧。这就是说，他们也知道平日作威作福招致了严重的不满，这时却害怕靠山一倒，就被魏元忠、宋璟这一派人杀掉。因此，他们在走投无路之时，也很可能先发制人，假借女皇诏敕，诛锄政敌，使朝廷陷入一片混乱，大权落入他们手里。所以，张柬之等认为斩除二张兄弟是当前急务，而为了保证灭张的胜利，又必须拥太子(中宗)复位，逼女皇退位。同时，他们知道要在宫城里面发动这个政变，非有武装力量不可，尤其是非得到禁卫军高级将领的合作不可。因此，张柬之亲自说服了右羽林卫大将军李多祚。李多祚指天地自誓，愿听张柬之指挥，共除二张。张柬之又利用宰相职权和女皇的信任，把自己的心腹杨元琰、桓彦范、敬晖、李湛四人分别任命为左右羽林军的将军，来掌握禁军指挥权，同时任用武张这一派的武攸宜为右羽林大将军(实权则仍在李多祚手中)，以作掩饰，以减轻二张的疑惧。

三、女皇被迫退位与病死

光阴似箭,则天朝廷紧张的一年(704)过去了。

705年正月,随着腊尽春来,张柬之集团的政变布置也已经逐步完成。这时姚崇又从灵武回到东都,增加了政变集团的力量。正月二十二日,张柬之等就率领左右羽林军五百余人至玄武门(宫城的北门)。因为早已掌握了羽林军,所以很顺利地进了宫里,张柬之即派将军李多祚等去东宫迎太子(中宗)。太子起初不敢出,虽经告以这次是文武上下同心协力以诛二张,复李氏皇统,愿太子暂至玄武门以副众望;太子仍然说:二张"诚当夷灭,然上体不安,得无惊怛?诸公更为后图"。有人说将相都在玄武门了,张柬之等就挟太子闯关而入,迅速进至女皇所居的迎仙宫的廊下,顺利地斩了张易之和张昌宗。又进至女皇寝殿,女皇知道事变发生了,"惊起问曰:'乱者谁耶?'"张柬之等跪下对曰:"张易之、昌宗谋反,臣等奉太子令诛之,恐有漏泄,故不敢以闻。称兵宫禁,罪当万死!"女皇看见了太子,说:"乃汝耶!小子(二张)既诛,(汝)可还东宫!"桓彦范大胆说:"太子安得更归?……愿陛下传位太子,以顺天人之望。"女皇气得重新躺下,不发一语。这天,张柬之并捕杀了张同休、张昌期、张昌仪,与二张一样,都枭首示众,宣布政变成功。张氏兄弟至此全灭,其党羽多被逮捕投狱。明日,女皇下诏,令太子监国[1]。又明日,下诏传帝位于太子。二十五日,中宗即位。明日,武则天迁居于上阳宫[2]。又明日,唐中宗率领百官到上阳宫,上尊号曰则天大圣皇帝。虽然不是"太上皇",可是十五年的周朝女皇帝,事实上下台了,武则天五十年的政治生命,事实上结束了。

二月初一,唐中宗率百官到上阳宫向武则天问安,从此每十天去问安一次。初四日,恢复国号为唐,复改神都为东都,改北都为并州。唐中宗发布了《即位赦文》[3],还说到了一些兴革事项。

同年(705)十一月,武则天病卒于上阳宫之仙居殿,享年八十三岁。

武则天可以说是气死的。她不是不愿意唐中宗继位为皇帝,但她实在非常怨恨张柬之等乘她病重用暴力发动政变,也悔恨自己一时大意,防患不周。年老又在大病中,突然精神上遭受这样严重的打击,"神圣"的女皇被人突然从宝座上摔下来了,哪

---

① 监国诏书见《唐大诏令集》第111页。

② 唐代东都之宫城及皇城,在洛阳市街的西北,上阳宫在皇城的西南角。禁城西边是东都苑(御花园),而上阳宫即在苑之东南角,上阳宫里面还相当广大,有仙居殿、芬芳殿、甘露殿、观风殿、七贤阁、浴日楼等。参看徐松《唐西京城坊考》卷5。

③ 唐中宗即位赦文见《唐大诏令集》第6页。

还能再活下去！六年前(698)，武则天召回唐中宗，不久又以唐中宗为皇太子，已经说明她需要夫家的皇位继承人并有意让唐朝恢复了。《通鉴考异》所引《唐统纪》曾透露此种消息说："太后善自粉饰，虽子孙在侧，不觉其衰老。及在上阳宫，不复栉颒，形容赢悴。上入见，大惊。太后泣曰：'我自房陵迎汝来，固以天下授汝矣；而五贼贪功，惊我至此！'上悲泣不自胜，伏地拜谢死罪。"

武则天于705年十一月逝世，明年五月附葬于"乾陵"(即唐高宗陵，在今陕西乾县)。1961年国务院宣布太宗昭陵、高宗乾陵、则天母亲之顺陵，皆列入我国重点文物古迹之内。

此后整个唐朝的将近二十个皇帝，全是她的子孙。他们对武则天一直表示尊敬，所上的尊号，却屡有改变。《旧唐书》中说：中宗朝遵武则天遗诏，称之为"则天大圣皇后"。睿宗即位后，称之为"天后"，不久追尊为"大圣天后"，又改号为"则天皇太后"。《新唐书》说：神龙元年(705)称为"天后"，睿宗景云元年(710)称为"大圣天后"，延和元年(712)改称"天后圣帝"，同年又追号为"圣后"，玄宗开元四年(716)称"则天皇后"，天宝八载改称"则天顺圣皇后"，其后，"则天皇后"基本上成了定称。

武则天称帝改唐为周的前一年(689)正月元旦，她已经穿戴天子的服饰，在万象神宫(新建的明堂)主祭。二月，又追封其父(魏忠孝王)为"周忠孝太皇"，其母为"忠孝太后"。又尊称在文水县的父墓为"章德陵"，在咸阳县的母墓为"显义陵"。改唐为周之明年(691)二月，又尊称文水县武氏始祖以下坟墓为陵(文水县至今有武陵村)。武则天死后，唐睿宗景云元年(710)七月，曾废昊陵及顺陵的尊称；但是明年五月，又复昊陵、顺陵，而且设置了两陵的官属，各置守陵户五百人，和太宗昭陵相同。开元二年(714)取消了守陵官属，但昊陵、顺陵名称仍存。

唐中宗虽然重新做上了皇帝，但不许人臣称为"中兴"，这自然合乎事实，也是为了对武则天表示尊敬。

从以上所述，对武则天本人的称号，对其父母坟墓的尊称，我们可以看出：其后唐朝历代皇帝及其大臣们对武则天，不但没有轻易抹杀，而且一直是尊敬的。也可以看出：这和唐睿宗初年追废中宗的韦后为庶人，废安乐公主为悖逆庶人，一下就成了定论，永不翻案的情况完全两样。这主要是因为李唐的子孙和大臣们认识了武、韦二人的为人及行动的性质，二者确实不同，完全不能相提并论。

唐朝和前代一样，设有史馆和若干修史官，写下了各朝的《起居注》，并且创制《实录》。例如《则天实录》三十卷，就是著名的史学批评家刘知几等重修的[①]。此外，至

---

① 参看《文献通考·经籍考·实录》。

少唐朝前期,还编拟了《国史》(唐朝历史)。例如唐玄宗朝的修史官于休烈曾说,由于安史之乱,散失了长安兴庆宫所藏《国史》一百零六卷、《开元实录》四十七卷、《起居注》并余书三千六百八十二卷。其后搜访史书时,前修史官韦述曾将其家旧藏《国史》一百一十三卷送官。这些《国史》也没有流传下来,我们已经无法知道它的内容;但是我们知道,开元时候,著名的史官吴兢所修的《国史》,是把武则天的事迹,作为唐朝皇帝的历史(本纪)之一来编写的。几十年后,唐德宗建中元年(780),史馆修撰沈既济虽然上奏说了许多理由,表示反对以则天历史编入本纪,主张列入后妃列传;但是并没有得到当时皇帝及大臣们的赞许①。后来,五代石晋时代修的《旧唐书》、北宋时代修的《新唐书》,虽然他们都反对武则天临朝执政,尤其反对她改唐为周,但是仍不能不把武则天的历史列入本纪之中。这就说明了,在那几十年间,武则天到底是中国的最高统治者,这一事实,是不能否认的。

---

① 参看《唐会要》卷 63。

四、子孙的政权争夺斗争

唐中宗复位后的几个月间，凡参加政变的文武官员，都在中宗朝廷加官进爵。张柬之、桓彦范、敬晖、崔玄暐、袁恕己五人功最大，最后都封了王。但是，由于唐中宗昏庸，没有总理朝政的能力，朝政大权就逐渐落在中宗的韦后和武三思手里去了。于是，新的矛盾和唐朝之新的危机，又正在产生和发展着。

武则天下台后，约十年间，不但政权的转移很迅速（由中宗而睿宗而玄宗），而且皇朝的内部矛盾，日渐复杂，日渐激化，内讧政变，层出不穷，流血斗争一再出现于武则天的子孙之间。

中宗（李显）和高宗不同，他真是庸懦无能之君。《旧唐书》说他："志昏近习，心无远图，不知创业之难，唯取当前之乐。"他的复位，完全是被动的，是张柬之等与武则天及二张斗争获得胜利的结果。皇后韦氏是不识大体、好逞私欲之人，中宗复位之初，她就窃取了朝政大权，胡作非为，韦后和武三思、安乐公主、女巫赵氏等，形成一个反动集团，纳贿卖官，混乱朝政，当时称韦后的命令为"墨敕斜封"，正派大臣多遭打击。例如主演政变使中宗复位的张柬之等原是功臣，但是韦后等却恶其正直，武三思且要替武则天和二张报仇，所以表面封赏张柬之等五人以王爵，实际是借此夺掉他们的实权，甚至不久就诬陷张柬之等五王阴谋大逆，而加以贬逐杀害。韦后和武三思等淫乱，甚至满城皆知。中宗嫔妃上官婉儿等多立外第，出入随意。韦后女安乐公主"尤骄横，宰相以下，多出其门，与长宁公主竞起第舍，以侈丽相尚，拟于宫掖而精巧过之。更夺民田作定昆池，延袤数里。又织成一裙，值钱一亿"①。

707年秋，唐中宗的太子李重俊和大将军李多祚等，发动羽林军三百余人，企图消灭韦后集团。先杀了武三思父子及其家人，然后引兵欲入宫，但被阻于玄武门外，旋即溃败。四年后（710），韦后母女更加骄纵，韦后急于想临朝听政，安乐公主则很想做"皇太女"。六月，母女二人竟合谋把中宗毒死，让十六岁的儿子为名义上的皇帝，韦后以皇太后临朝执政。总观韦后一生，确实是个坏人，是武后的反面人物，完全不能相提并论，旧史常说"武韦之祸"，实是错误的提法。

这时，临淄王李隆基（即后来的唐玄宗）和太平公主（武则天女）所准备的政变也已经成熟，没有等韦后的垂帘稳坐，就发动羽林军攻入玄武门，杀掉韦后及安乐公主以至诸韦、诸武及其党羽，而奉相王李旦（太平公主之兄、李隆基之父）为皇帝（即睿

---

① 《通鉴纪事本末》卷30。

宗)。

然而,唐睿宗是向来不愿管也不能管政事的,当时实际上是李隆基与太平公主姑侄二人共主朝政。但是共同的政敌打倒之后,这两大集团的矛盾又迅速尖锐起来了。

太平公主是武则天的唯一的女儿,在武则天所生的五个儿女中,她是最小的。《旧唐书》卷 183 说:太平公主"丰硕,方额广颐,多权略,则天以为类己,每预谋议,宫禁严峻,事不令泄。公主亦畏惧自检,但崇饰邸第。二十余年,天下独有太平一公主……贵盛无比。"唐朝制度,亲王及公主皆享有"实封"百、千户的租税收入,亲王多不过千户,公主多不过三百五十户,而太平公主到武则天死后还由三千户加至五千户。武则天初以太平公主嫁光禄寺卿薛曜之子薛绍,688 年,薛绍的两兄参加了琅邪王李冲的叛变,薛绍受诬以通谋罪名被捕入狱,他是驸马,可以得到特殊的照顾。但是武则天并不饶他一死,只是免他斩首而已,杖一百之后,令饿死狱中。两年后,太平公主奉母命改嫁武攸暨。他是武则天的伯父武士让之孙,当时是右卫中郎将,为人"沉谨和厚,于时无忤,专自奉养而已"[1]。武则天在位时,武攸暨虽封过郡王,官不过是麟台监司祀卿。唐中宗复位后,升至司徒及开府仪同三司。这确实是他沾了太平公主的光,因为太平公主在消灭二张及消灭韦后集团两次政变中,不仅是支持者,而且是重要人物之一,被认为有功于新朝。再由于她的才能和几十年间的政治经验,以及她的特殊资格和地位(则天朝的皇女,中宗、睿宗朝的皇妹,最后是玄宗朝的皇姑),趋附于她周围的文武官员一定不少,自然而然形成了一大政治势力。到击灭韦氏扶睿宗为帝时,太平公主集团的势力,发展到了登峰造极的地步。"宰相七人,五出其门。文武之臣,太半附之"[2],宰相有窦怀贞、萧至忠等,武臣有左羽林大将军常元楷等。

在皇权社会里,每逢争夺私人权势,尤其是争夺最高政权的时候,虽父子兄弟,也是不顾大体,不能相让,不惜流血斗争的。李隆基本是唐睿宗第三子,是由于击灭韦氏,成为实力派,夺其长兄之位而成为太子的。这时太子李隆基集团和太平公主势力相形之下,不免自叹不如,而感受到很大的威胁,因此两派的斗争,发展得更加激烈。唐睿宗即位之明年(711)二月,李隆基的部下姚崇、宋璟、张说等请唐睿宗下诏把太平公主安置(实即放逐)于东都,使李隆基的长兄等离开长安去地方上做刺史,命太子(隆基)监国等等。这一大串计谋,后来几乎全被太平公主反对掉了;但到了四月,太子监国毕竟实现了,一般军国大事及五品官以上的任免,都先由太子决定。又明年

---

① 《旧唐书》卷 206。

② 《资治通鉴》卷 210 先天元年。

（712）六月，太平公主丧夫。七月，彗星出于西方，李隆基集团乘机怂恿唐睿宗传位于太子，"以应灾异"。太平公主集团反对无效，八月，太子李隆基即帝位，尊睿宗为太上皇。从此唐玄宗（李隆基）集团取得了优势。同月，右羽林将军张杰等便策划用武力消灭太平公主党羽，事泄，不成。唐玄宗只好用苦肉计，把张杰等流放，以安政敌之心。一年之后，即713年七月，玄宗集团的准备完全成熟了，就宣称太平公主等"谋逆"，且已定期"作乱"，即用羽林兵把窦怀贞及萧至忠等一一擒斩，共杀太平公主诸子及其党羽数十人。太平公主逃入山寺，几天几夜才回家，被迫自杀。家被抄，"财货山积，珍物侔于御府，厩牧羊马、田园息钱，收之数年不尽"。"穷治公主枝党……百官素为公主所善及恶之者，或黜或陟，终岁不尽"①。

这两大集团斗争的结果，唐玄宗集团完全取得了胜利。从此唐玄宗比较安稳地做了四十年皇帝，也就是以"开元""天宝"两个年号出名的唐明皇。天宝元年（742），用"口蜜腹剑"的李林甫为宰相。天宝十一载（752）李林甫死，又用杨贵妃（山西蒲州人）的族兄杨国忠为宰相。这时，阶级矛盾、民族矛盾、统治阶级的内部矛盾，都正在发展，最后，天宝十四载（755）十一月，以统治阶级内部矛盾为主导因素，爆发了以三镇节度使安禄山为首的叛乱（史称"安史之乱"）。长安、洛阳两京皆失陷，唐玄宗逃奔成都。经过九年的战争，安史之乱虽然终于平定了，但是大唐皇朝也因此衰落了。

自李唐开国到安史之乱，可称为唐朝的前期，共有一百三十八年。回顾一下：从唐太宗击灭他的兄和弟的"玄武门之变"到"安史之乱"（中间包括武则天残酷地对待她的反对者，以及其他大小政变），我们充分看到了封建社会的特点之一（也是阶级社会的特点之一），就是：统治阶级内部的矛盾、斗争不断发展，尤其是政权争夺，是十分剧烈、十分残酷无情的。至于在阶级斗争中，统治者就更加残酷无情了。

安史之乱以后的唐朝，可称为唐朝后期，统治阶级的内部矛盾和政治斗争，照样剧烈残酷，但这里不想说得太远了。

武则天经历了为皇后、为太后、为周帝的三个阶段；然而，这只是形式上的阶段，实际上，为皇后、为太后的三十五年间，是她不断走向全盛的时期；称周帝以后的十五年间，则是逐渐衰落的时期。这五十年间的国家政治和百姓生活，大致也是这样。

以上共九章，武则天的一生轮廓，主要是五十年间的政治生涯，到此就概括地评述完了。

---

① 《资治通鉴》卷 210 开元元年。

第十章
乾陵

乾陵是唐高宗与武则天合葬的陵,但不是同时入土的,中间相隔二十多年。唐高宗死后,由武则天主持,将他葬于乾陵;武则天死后,由其子唐中宗遵照母亲遗嘱,也葬于乾陵。

唐朝总共有二十一个皇帝,其中有十八个葬于陕西省北部扇面形地带的广阔土地上,乾陵在其西头,即在今乾县。

乾县在长安西北。为什么称乾县?《周易》八卦以乾卦为首,乾卦位于西北,所以古来称长安西北之地区为乾州。

乾州自周至唐,一直是长安的西北重镇,曾称奉天县、乾县。

最早的乾陵,周围筑起高墙,像一座城,而且有内、外二城。外城遗址,今已无存。内城又称皇城,东、西、南、北四面的墙基,至今还残留地上。

乾县有梁山,秦代曾在此建梁山宫。

梁山有三峰,由高岭相连。北峰最高,即乾陵所在,南面二峰较低,东西对峙,如乾陵之天然门户,俗称"奶头山"。

乾陵位于梁山的主峰,坐北朝南。大门在最南边。一进大门,抬头北望,即能望见整个乾陵的雄姿与气派。乾陵不仅在唐十八陵中首屈一指,而且居"历代诸皇陵之冠"。

一千多年后的今天,陵园内的建筑与石刻,已所存无几。现在尚能看到的有:

石狮:

石狮一对,高约三米半,制作精巧,雄伟壮观。

各国国王石像:

唐高宗与女皇生时的威望,在国内国外都极高,真是"满朝文武听鞭策,万国衣冠拜冕旒"。所以陵园内,石狮南面,刻了如真人的各国国王石像两排。左排二十九个,右排三十二个,共六十一个。现在除两个有残存的头部之外,其余均无头。

乾陵《述圣记》碑:

唐高宗死后,依原定计划,葬于乾陵。武则天亲笔撰写《述圣记》,记述唐高宗圣德,刻于墓前巨碑之上。

她略从唐高祖、唐太宗说起,而重点详述唐高宗,当然无非是歌功颂德。

经历一千多年风雨,到清朝康熙年间,碑文已残缺得不可卒读。文见《全唐文》卷 97。

我编的《武则天集》第 138 页也有《乾陵述圣记》,比《全唐文》的多六百来字,仍非全文,我是从《唐文拾遗》抄过来的。

《述圣记》碑,用七块巨大石料组成,高 7.5 米,边宽 1.86 米,重 89.6 吨。

古来皇陵都不树立碑石,唐高宗与武则天打破了旧例。

无字碑：

此碑原无一字，故称"无字碑"。碑顶两边，刻有螭首、长龙、骏马作装饰。此碑与其说是唐中宗为母亲而立，不如说是武则天自己所立。

既然立碑，为什么不刻一字呢？

武则天认为自己一生所作所为，都是问心无愧、光明正大，不需他人来议论或歌颂。执政五十年间，为国家、为百姓，尽心尽力，任劳任怨；但这些，她不愿用文字来描述，也不是文字所能全面描述的。

无字碑现在不是无字了，已被历代游人刻写得乱七八糟了！

碑身高 7.53 米，碑面宽 2.1 米，厚 1.49 米，重 98.84 吨。

翼马：

朱雀门前，刻翼马一对。马高 3.17 米，长 2.8 米。雕琢细腻，造型优美。

石马与牵马石人：

五匹石马十个牵马石人，在朱雀门前，分左、右排列。唐太宗的昭陵六骏，只有一人。

朱雀：

朱雀又称朱鸟，共一对，排列左、右。石雕高 1.8 米，长 1.3 米。

华表：

朱雀门北面的第二道门，有石柱一对，即陵前华表，高 8 米，八棱形。

这些高大石刻，增强了乾凌的雄伟庄严气象。

陪葬墓：

乾陵有下列陪葬墓，墓主为：

章怀太子李贤。

懿德太子李重润。

泽王上金、许王素节、邠王守礼。

义阳公主、新都公主、安兴公主、永泰公主。

大臣八人：王及善、刘审礼、薛元超、豆卢钦望、杨再思、刘仁轨、李谨行、高侃。

女皇特为重臣狄仁杰在乾陵建了一所狄公祠。祠殿内，画有狄仁杰等六十功臣像。但年久祠毁，今仅存遗址。

我有副对联《题乾陵与无字碑》：

皇陵如大宅，永世共宿双栖，谁家有？

功业胜丰碑，纵书千言万语，不若无。

第十一章
几位重要大臣

武则天执政,共约五十年之久。这五十年间,全国的经济、政治、文化等方面,都有不小的发展。在唐朝前期(自唐高祖至唐玄宗)一百三十多年间,七个皇帝中,武则天政府正处于中间,真有上承太宗"贞观之治",下启玄宗"开元盛世"的重要作用和地位。

武则天虽然聪明过人,能文能武,修身有则,治国有方,但所取得的如此巨大的成绩,却不能用唯心主义的"英雄造时势"观点,认为都是她一人所取得的。

我认为,武则天身边的助手和满朝文武大臣,对于五十年间的如此巨大成绩的取得,都起程度不同、种类各异的积极作用。

则天身边,有她首创的智囊团"北门学士",成员有元万顷、刘祎之等。

有如贴身秘书的,则是太平公主与上官婉儿。

一、太平公主

太平公主是唐高宗与武皇后所生的唯一女儿。她青年时期,就聪明好动,名闻中外。仪凤年间(676—679),在今西南地区的吐蕃国王上表请求太平公主,与唐太宗时的文成公主一样下嫁,武后不许。因此在宫中建一道观,令太平公主假装为女道姑,以绝和亲之请。

一天,太平公主忽然穿上紫袍玉带,作青年武官装束,来到父母面前舞蹈,引得双亲大笑。母后问道:"我儿不是男子,不是武官,为何如此打扮?"公主说:"可不可以将这套武官服装赐给驸马?"

这种答非所问的、奇怪的话,立刻使母后体会到女儿的言外之意。

不错,公主长大了,想找驸马了。

于是选了青年武官薛绍为驸马。成婚时,借长安的万年县衙门为婚馆,热闹非凡,盛况空前。

后来,薛绍因一大案牵连入狱,赐死。

于是,太平公主奉命改嫁与武则天之侄儿武攸暨,公主二十七岁。其夫因此由右卫军中郎将升为驸马都尉。武攸暨虽然,"沉谨和厚,于时无忤,专自奉养而已",仍然多次升官。

太平公主数十年间,自由出入宫禁,对母后多所辅助。

二、上官婉儿

上官婉儿。

武则天有一位贴身侍女兼秘书,她姓上官名婉儿。

其祖父与父亲因有罪被杀,其母则被打入宫中作奴婢。婉儿因为尚在襁褓中,也被带入宫掖。婉儿十四岁时,武则天召见她,见她聪明伶俐,就把她留在身边,加以教育培养,使她成为文思敏捷、出口成章的青年才女与诗人,事实上成了武则天的贴身秘书。

三、李勣

李勣之父原是山东人，后迁居河南滑县。家富而父子皆乐善好施，喜救济穷人。时值隋末，农民纷纷起义。李勣年十七岁，即往投滑县瓦岗寨起义军。因为他也知道，起义军是起来反抗隋炀帝及其贵族之暴政的平民武装。

瓦岗义军发展到领袖李密称帝，李勣也屡立战功，但最后还是战败，投降李渊的唐军，李勣成为李世民部下的一员名将。

李勣本来姓徐名世勣，唐朝因其有功，赐他国姓，遂改姓李。李世民登基称帝之后，他又为了避"世"字讳，取消了世字，而单名勣。

唐高宗继位之后，李勣依旧是受到信赖的高级将领和重臣。唐高宗想废王皇后，立武昭仪（即武则天）为新皇后，曾两次约请李勣、国舅长孙无忌、元老褚遂良三人，入宫商议废立大事。国舅和元老都极力反对，不欢而散。李勣两次都托病不见，几天后，他却独自求见皇上。见面后，唐高宗用叹息的口气说："废立问题，两老都非常反对，怎么办呢？"李勣不慌不忙回答道："此陛下家事，何必更问外人？"唐高宗一听，忽然聪明起来，心想：不错，这是皇家家事，朕有权作主，且手握军权的老将军已表示拥护我。于是他下诏，公开立武昭仪为皇后。此后三十年间，武皇后一直帮助他或代理他处理军国大事，成绩卓著，故文武大臣给他夫妇上尊号曰"天皇""天后"。

四、王孝杰

王孝杰,京兆新丰(今陕西西安市)人。高宗末,为副总管,随刘审礼率军西讨吐蕃,战于大非川,为敌人所俘。吐蕃首领赞普一见王孝杰,垂泪道:"这位将军面貌很似我父亲。"因此厚加敬礼,不久得释放回朝。

女皇时期,王孝杰升至右鹰扬卫将军。长寿元年(692),为武卫军总管,与大将军阿史那忠节率军西讨吐蕃,连战皆捷,收复龟兹、于阗、疏勒、碎叶四镇而班师,恢复了西部版图。

女皇大悦,谓侍臣曰:"昔贞观中得此四镇,后为吐蕃所夺。今已尽复于旧,边境得安,自然无事。"王孝杰功大。

女皇深信,王孝杰曾留吐蕃军中,熟知敌军虚实。且此次统军作战,徒步远行,与士兵同劳苦,所以能全军奋勇,获得大胜。女皇说:孝杰"如此忠恳,深是可嘉"。封孝杰为京都左卫大将军。

明年,又升王孝杰为"夏官尚书"、清源男爵。

696年,东北方面的契丹族首领李尽忠与孙万荣反叛,女皇命令王孝杰为清边道行军总管,领兵十八万进讨。交战中,孝杰率精锐为先锋,正前进中,后军总管苏宏晖畏惧贼众,后撤,致王孝杰陷贼中,堕谷而死。女皇追封孝杰为耿国公,诛苏宏晖。

五、娄师德

娄师德,郑州原武人,进士出身。体胖步迟,但有武略。曾率军抗击西北敌人,八战八胜。更重要的是在边境主持营田军屯,他不仅穿皮裤带领士卒下地劳动,而且做出了优异成绩,屯田积谷数百万石,军需饶足,无转运与和籴之劳。因此,女皇特颁手诏慰劳,仍任都督及检校营田大使。

娄师德的弟弟将要到代州去上任时,特来向哥哥辞行,师德教他,不论到哪里,都是和为贵,忍为高。弟弟说:"是,哥哥。即使有人唾我面,我也自己擦掉了事。"师德说:"不够不够。要让它自干才对。"因此,至今流传"唾面自干"的成语。

六、狄仁杰

狄仁杰,唐朝"并州太原人也"。

今山西太原市城南有狄村,村中立着一块大石碑,刻着五个大字:狄梁公故里。

地方志说:太原县治之南十里,人烟可三五十家,相传为狄梁公故里。

又说:村中旧时有慈恩寺,碑记谓寺基即狄梁公故宅。

明末崇祯年间,山西巡抚吴甡,在狄村倡建狄公祠,祠前立"白云深处"牌坊。

至清代,狄公祠年久失修,山西布政使朱珪另在城内上马街东崇善寺附近,新建狄公祠,并将祠旁街道命名为狄梁公街。

狄仁杰从小聪明好学,且有奇异之处。他念私塾时,一天看门人被害,县衙门差役来查问,同学都一一对答;唯独狄仁杰不理不睬,依旧端坐念书。衙役很不高兴,就责问他:"你为什么不说话?"狄仁杰不慌不忙说:"黄卷之中,有诸位圣贤,我都应接不过来,哪里有时间理你这俗吏!"狄仁杰应考及格后,被任为并州都督府法官,他上任时,行至并州太行山上,朝南站住了。心中想起了在河阳的双亲,远处上空正有白云入望。他对左右说:"吾亲所居,在此云下。"立许久,云移乃去。狄仁杰的孝心,就被人们传开了,并形成了流传的成语——白云亲舍。

我见过狄仁杰的狄梁公故里大石碑附近,有古槐一棵,相传是狄母手植。

又据说,古晋阳城(今晋源镇)曾有一槐,是狄仁杰在晋阳任并州都督府法曹参军时所手植。但早已无存。

可见,狄仁杰在故乡约千年间,受到人们的尊敬与怀念。

狄仁杰在唐高宗与女皇时期,既是朝廷大臣,又是为各地百姓所歌颂、爱戴的父母官,这是历史上少有的。

狄仁杰考中唐朝的国家考试明经科以后,任并州都督府法曹参军,后升大理寺寺丞,又改任侍御史,多次任宰相。历任多处地方官,如宁州、魏州、豫州等刺史。又任过幽州都督、河北道行军副元帅。

在并州都督府时,狄仁杰的同府友人郑参军,母老且病,但被派出使国外。为此,狄仁杰特向都督府长史蔺仁基请求代行。虽然未曾达到目的,但他如此重友谊,却感动了长史。

蔺仁基当时正与同僚李司马闹意见,至此,慨然曰:"这真使我们羞愧了!"二人遂和好如初。蔺仁基多次称赞说:"狄公之贤,北斗以南,一人而已!"

狄仁杰作汴州判佐时,黜陟使阎立本也当面称赞狄仁杰说:"足下可谓海曲之明

113

珠,东南之遗宝!"

仁杰后来升任大理寺寺丞,一年共判决沉滞已久的老案犯一万七千人,无一人鸣冤叫屈,可见狄仁杰执法公正、善于断案。因此,后世有狄仁杰破案小说及古装电视连续剧《狄仁杰断案传奇》。

大将军权善才与中郎将范怀义误伐唐太宗昭陵的一株柏树,唐高宗嫌狄仁杰判刑太轻,且大怒说:必须杀此二人,否则将陷朕为不孝之子!狄仁杰引史说理,犯颜辩解,唐高宗终于明白,没有杀二将。

在岐州道上,忽然出现一批逃兵,而且似乎越追捕越厉害。狄仁杰知道后,和捕到的逃兵交谈,表示同情,并晓以道理,然后放他们回去,让他们去说服开导其他逃兵,结果,全部主动来归。

武则天成为皇后之第六年二月,她得意又光荣地带着姑爷(当今天子)回娘家(并州)。

高宗、武后住在并州都督府,瞻仰了高祖及太宗在晋祠的遗迹,也去过文水,看望父老们,在并州城(今晋源镇)西郊检阅过军队之后,三月,他们要游览隋炀帝的汾阳宫(在今宁武县境内管涔山上)。途中要经过有名的妒女祠,故老相传,你如果穿着华丽的衣服经过祠前,就会招来风雨雷电之灾。因此,并州都督府长官下令征调百姓,新开一条大道,绕过妒女祠。

此次,狄仁杰被派为行宫主管布置行宫等事务。狄仁杰却反对劳民伤财,另开新道,而主张就走老路不用害怕。他说:"天子之行,风伯清尘,雨师洒道,何妒女避耶?"结果,狄仁杰胜利了,仍走旧路。"帝壮之曰:'真丈夫哉!'"

此后,狄仁杰深得高宗、武后信任,常在朝廷做官。

左司郎中王本立恃宠胡为,朝臣都怕他,狄仁杰则奏请交付法司治其罪。唐高宗不从。狄仁杰又奏曰:"陛下何惜罪人而亏国法?"王本立终被法办,于是"朝廷肃然"。

后来狄仁杰出任宁州刺史,为政仁爱,深得西北各族百姓喜爱,为他立碑颂德。朝廷派出的御史郭翰,巡察陇右各地,多所按劾,及入宁州境,百姓歌颂狄刺史美德之声盈路。郭御史对左右说:"入其境,闻其声,知其政,愿成狄使君之美。"就不再久住检查了。归,荐狄仁杰于朝。

唐高宗死后,武则天以皇太后身份,继续执政,召回狄仁杰为冬官侍郎,充江南道巡抚使。此时吴、楚之俗,非常迷信,除佛寺、道观之外,还建立了各种牛鬼蛇神之庙,疯狂敬祀。狄仁杰奏请武太后批准,拆毁一千七百多所,只留夏禹、吴太伯、季札、伍员之祠。连楚霸王项羽的庙,狄仁杰也下令毁了,并亲写檄文一篇,以服众心①。

---

① 两《唐书》未录此檄文,仅略见于清人赵翼撰《陔馀丛考》卷35及《太原府志》卷60。

就在这年(688),武则天当皇太后的第五年,李唐贵族豫州(今河南汝南)刺史李贞,起兵想推翻武则天。李贞十分迷信,且不识时务,不想武则天当皇后三十年间,已有很高的权力和威信,所以一战即败,李贞全家闭门自杀。

此次是大将张光辅奉命率军三十万进讨李贞。豫州百姓听说朝廷大军将要来到时,纷纷出城投降。但是张光辅的将士多贪功贪财,竟抢劫他们,甚至屠杀他们,州城四面,鲜血染红了秋野!

李贞一破,武太后即派狄仁杰去当豫州刺史。野蛮的张光辅一伙,入城以后,又以搜查李贞党羽为名,随意逮捕。受连累的有六七百家,将要沦为官府奴婢的约五千人,不久就会被处死的约二千人。

狄仁杰将真相派快马上奏武太后,武则天相信狄仁杰,立即下诏:不杀一人,而把这些人流放到丰州(今河套上的五原)去。

当这一大批流放者路过宁州(今甘肃宁县)时,出现了罕见的动人场面。

宁州百姓纷纷出来慰问他们,说:"我狄使君活你耶!"两方相扶,哭于前几年树立的狄使君德政碑之下。

后来,这些被流放的人到了丰州,也给狄仁杰建立了纪念碑。

一天,大将张光辅来到刺史公署,狄仁杰当面谴责他放纵官兵抢劫并屠杀百姓,且义正词严地说:"如得尚方斩马剑加于君颈,我虽死如归!"

张光辅恨极了,班师回朝后,捏造罪状,使皇太后把狄仁杰调到更远的复州(今湖北沔阳)去做刺史。

690年,武则天顺从臣民的请愿,登基当皇帝,改唐为周,年号"天授"。从此中国有了真正的女皇。

第二年,狄仁杰被召回朝中当宰相。女皇对狄仁杰说:"以前你在豫州(汝南)本有善政,但有人诬告你。你想知道他是谁吗?"仁杰对曰:"陛下以为臣有过,臣当改之。以为臣无过,臣之幸也。臣不愿知道他是谁。"女皇深加赞叹,称为"长者"。

酷吏来俊臣越来越得势横行,利用女皇改唐为周的机会,肆意诬告许多大小官员为反对派,花言巧语,使女皇信以为真。

女皇天授三年(692)春,来俊臣甚至诬陷宰相狄仁杰和任知古以及御史中丞魏元忠等七人反周,皆被捕下狱。

当酷吏盛行罗织时,许多人都知道:一问就认罪,可以缓死;如果不承认,必受酷刑拷打。所以,审问时,狄仁杰说:"大周革命,万物维新。唐室旧臣,反是实。"

因此,狄仁杰没有遭受毒刑。过了许久,狄仁杰撕下被头上的一块绸子,写好了申冤状子,把它藏在被子里面,然后对狱吏说:天气变暖和了,请通知我家,给我换条薄被子,于是狄仁杰的儿子来换被子。大概得到了父亲的暗示,回到家里,他就拆开被子,取出冤状,投进朝堂前的铜匦。

女皇看了狄仁杰的冤状后,立即召见,问道:你说冤枉,那么当时为何承认"反是实"呢? 狄仁杰说:如果当时不承认,臣早已死于毒刑之下了。

女皇知道,这个案子并不像来俊臣说的那么严重。于是,释放了七个大官,但把他们降为地方官。狄仁杰被降为彭泽(今属江西)县令。

狄仁杰在彭泽,仍是廉洁爱民,深得民心,百姓特为他建立生祠,表示爱戴。此祠历数百年仍存。北宋王安石说,狄仁杰"至今有庙在焉"。

四年后(696),东北地区的契丹族首领李尽忠不堪汉官的欺侮而造反。他带领人马进入长城,打到河北境内。女皇因此调回狄仁杰,委任他为魏州(今河北临漳)刺史。

这时,前任刺史已经征调大批农民来魏州城修筑防御工事。狄仁杰到任后,观察形势,认为敌人还在远方,且未必能打到此地来,这样过早征调农民以脱离生产,是没有必要的。于是让农民回乡去,百姓都十分高兴。

不久,李尽忠被官军击败。女皇即升狄仁杰为幽州(今北京)都督。女皇为了表彰狄仁杰在河北地区的安抚工作,特赐紫袍龟带,并在紫袍上面亲笔题了十二个字。这就是:"敷政术,守清勤,升显位,励相臣。"

后来,魏州百姓给狄仁杰立了生祠,宋代临安书商陈思编的《宝刻丛编·金石录》中收录有唐魏州刺史狄仁杰碑文。

圣历元(698)秋天,反复无常、屡为北方边患的突厥默啜可汗,率兵攻打到今河北定州和赵县一带,抢掠烧杀,惨无人道。女皇得报,立即发兵三十万迎击,并调十五万兵为后援,命令太子李哲为挂名元帅,狄仁杰为副元帅,负实际责任抗击敌人。默啜知道朝廷出动大军,并以狄仁杰为元帅,就不敢对阵交战,连忙向长城外退走。六十九岁的狄元帅亲率精兵十万兼程追击,但是没有追上。

默啜虽去,但百姓流散,地方残破。因此,女皇委任狄仁杰为河北道安抚大使。狄仁杰发挥一贯爱护百姓的为政作风,拨官粮赈济饥民,遣送流民回原籍,整顿驿站及驿路,命令军队分批有秩序地撤回。严命将士遵守纪律,如果"侵扰百姓,犯者必斩"! 狄仁杰还对文武大官示范,粗茶淡饭,不讲享受。这样,他很快使战乱地区恢复秩序,使百姓安居生产。还朝之后,女皇加封他为内史(类似首相),又在神都洛阳的别墅区赐给狄仁杰住宅一所。史书说,礼遇之隆,当时无人能比。

700年夏天,女皇来到洛阳附近新建的三阳宫避暑。某日突然有个外国僧人来请女皇去参加山中佛寺"奉安舍利"仪式。女皇从小信奉佛教,就欣然应邀。御辇就要出发了，老宰相狄仁杰急急跑来，跪在女皇驾前，诚恳地说："佛者，夷狄之神，不足以屈天下之主；胡僧诡诈，直欲邀致万乘，以惑远近之人耳；且山路险狭，不容侍卫，非万乘所宜临也！"女皇为狄仁杰的忠诚正直所感动，不得已中止前往，并说："以成吾直臣之气！"

这年秋天，女皇想造大佛像，计划叫全国僧尼每人每天捐献一文钱相助。狄仁杰知道后，即上疏力谏。他认为造大佛像，必然增加百姓劳役和财物的负担。他说："功不使鬼，止在役人；物不天来，终须地出；不损百姓，将何以求？"女皇又一次听从狄仁杰的谏净，取消了计划，并虚心对老臣表示了极大的敬意，她说："公教朕为善，何得相违？"

女皇在皇位继承人问题上，曾苦恼过。皇位传给武姓好呢，还是传给李姓好？一时拿不定主意。她的侄儿武三思劝他传给武姓，而一些大臣如狄仁杰则主张传给李姓。他说：陛下也知道，《礼记》说"天子七庙"，以后各朝帝王都在首都建立家庙，称为太庙，由本姓子孙奉祀祖宗。一位皇上升天后，由新君敬奉他的牌位，安放于太庙中。从来绝无侄儿奉祀姑母牌位于太庙的事。所以陛下皇位，不可传侄，必须传子。

女皇想了想，觉得所说确有道理，于是把自己的亲生儿子、早些年被废为庐陵王的唐中宗李哲，派大臣从房州接回神都。不久，又听从狄仁杰的建议，举行了迎太子李哲回朝的仪式，使天下都知道以后李唐皇朝终将恢复。

皇位由谁继承的重大问题解决了，政局也就稳定了。这对国家和百姓都是大有好处的。

狄仁杰还不放心，又向女皇力荐张柬之等五人到朝廷做宰相等，以保证女皇辞世后，扶中宗复辟的胜利。

女皇晚年，越来越信任、敬重狄仁杰，满朝文武，无人可比。在宫廷宴会上，女皇曾举杯亲赐狄仁杰，赏其有知人之明。虽然女皇比仁杰还大七岁，当群臣上朝跪拜时，女皇多次恩赏狄仁杰不用按常礼俯身下拜，且说："每见公拜，朕即身痛。"

狄仁杰由于年老多病，数次请求罢官还乡，但女皇总是慰留，并特命狄仁杰不要和其他宰相一样，到朝内值夜班。又嘱咐大臣们，非军国大事，勿以烦国老。女皇常称狄仁杰为"国老"而不名。

狄仁杰晚年所受的荣宠，为历代宰相所少有。

然而，700年阴历六月，七十一岁的国老，再也无法继续为女皇效忠以报知遇之恩了！

女皇闻讯，十分伤悼，甚至痛哭出声，她流着眼泪叹息说："朝堂空矣！"宣布废朝三日。

从此，每遇国家有重大问题，朝中大臣一时不能解决时，女皇总是喟然长叹："天夺吾国老何太早耶！"

女皇追封狄仁杰为文昌右相，唐睿宗时又追封为梁国公，后人因此称为"狄梁公"。

七、裴行俭

裴行俭,山西闻喜人,出身于中等官僚家庭。考明经科及第,为左屯卫仓曹参军。大将军苏定方见裴行俭年轻聪明又有志气,深加赏识,授以军事方略及用兵奇术。

唐高宗初期,裴行俭升至安西大都护,善于处理民族问题,因此"西域诸国多慕义归降"①。

后来,唐高宗命裴行俭为大食安抚使,又册送波斯国王回国,率军深入中亚万里,恩威并施,各族悦服,因此将吏为其刻石于碎叶城(今吉尔吉斯托克马克城)以纪功。还朝后,唐高宗慰劳嘉奖,授以兵部尚书兼右卫大将军。

后为定襄道行军大总管,率军平定突厥之乱,归朝封闻喜县公。

唐高宗永淳元年(682),裴行俭六十四岁病卒,追赠幽州都督。中宗朝加赠扬州大都督。

裴行俭爱才识才,亦善于育才,其部下后来多是名将,成为刺史或将军者有数十人。

由于唐太宗、高宗、武后都喜爱书法,唐朝初期,大书法家特多。

裴行俭不仅仅是军事家、政治家,而且是一大书法家。他死后遗有文集二十卷,"撰草字杂体数万言,并传于世"。

唐高宗与武后知裴行俭工于草书,某年以素绢百卷,命其以草书抄写《昭明文选》一部。写完献上,帝、后皆满意,赏帛五百匹。其死后,武皇后还派专人去收集他的墨迹。

裴行俭写字还有个特点,正如他自己所言:褚遂良字虽好,但非精笔佳墨不肯给人写,"不择笔墨而妍捷者,唯我及虞世南而已"。

---

① 《旧唐书·裴行俭传》。

八、姚崇

姚崇,陕州(今属河南三门峡陕州区)人。其父在唐太宗时曾任嶲州都督。姚崇青年时,考中"下笔成章举",被委任为濮州司仓参军。五次升迁为朝廷夏官郎中。契丹入扰,陷河北数州。众臣议论原因及对策时,姚崇剖析如流,而且皆有道理,则天女皇"甚奇之"。

酷吏们被诛后,一日,姚崇对女皇说:酷吏横行时,被捕者皆一问即承认是反大周。陛下好心,怕有冤枉,特派近臣到狱中一一查问,殊不知他也怕酷吏,就让被捕者亲笔书写"反状",承认反罪。"赖上天降灵,圣心发悟,诛锄凶竖,朝廷乂安。自今以后,臣以微躯及一门百口,担保内外官员,再无反者"。女皇听罢大喜说:"以前大臣近臣皆顺承酷吏之意,陷害好人,陷朕为淫刑之主。闻卿所说,甚合朕心。"其日,遣中使送银千两以赐姚崇。后升为春官尚书。

姚崇至唐玄宗时为宰相,及老,推荐宋璟代己为相。二人皆有政绩,同为"开元盛世"之功臣。

九、宋璟

宋璟,邢州(今河北邢台)南和人。少耿介有大节,博学工于文翰。弱冠中进士,累转凤阁舍人。为官正派,甚得女皇敬重。不久,升御史台中丞。

女皇晚年,太平公主引荐"二张"入宫,且张易之与弟张昌宗一通中医,一善音乐,皆合女皇需要,故被宠用。后来二张恃宠恣横,引起朝臣不满,且有流言说他们有窃取皇位的阴谋。宋璟以御史台法官身份,向女皇提出审问二张的要求。女皇不得已命令二张到御史台受审;但没有审问多久,女皇就派专人来把二张召回。后来女皇叫二张去宋璟家道歉,宋璟拒不相见,"其刚正皆类此也"。

附录一

一、驳骆宾王《为徐敬业讨武氏檄》

唐朝,尤其是唐朝前期(即安史之乱之前百余年间),在我国历史上,是空前隆盛的封建皇朝,在当时的世界上,是唯一的最强大、最繁荣、最文明的国家。这是中外人士所公认的。

唐朝前期,共有七个皇帝,而武则天正居其中,起了承先启后的积极作用。

武则天主管国家大事,共约五十年之久。大致可分为为三个时期:

  为高宗皇后时期 约三十年

  为皇太后时期 约六年

  为女皇时期 约十五年

武则天从三十多岁,到八十多岁,一直不辞劳苦,勤理国事,大权在握,励精图治。满朝文武,悉听指挥。五十年间,政治、军事、经济、文化等方面,都有所发展或创新。起到了上承"贞观之治",下启"开元盛世"的重要作用。这是新中国史学界的公论,是历史唯物主义的公论。

唐高宗长期患病,终于在 683 年阴历十二月病逝;照例由太子李显继位,是为中宗。

但是,唐中宗昏庸无能,只喜游玩打猎。《旧唐书·中宗本纪》说,中宗"志昏近习,心无远图,不知创业之难,唯取当前之乐"。这是虽有贤臣也辅佐不好的"孱主"。

唐中宗继位后,第二年(684)春天,就把他的岳父韦玄贞从州县小官,擢升为豫州刺史。不久,又要擢升他为门下省侍中(宰相职)。当朝宰相认为不可,唐中宗就大怒,竟说:"侍中这官职,算得什么? 我就是把皇帝宝座让给他,又有何不可!"

武则天知道后,十分失望,十分伤心,于是召集文武百官于东都乾元殿,当众宣布:中宗不能继承帝业,废为庐陵王,由幼子李旦为皇帝,即睿宗。

此时前刺史徐敬业、长安县主簿骆宾王等六个小官吏,先后因失职被削官,心怀怨恨,就乘废中宗之机,借口"匡复庐陵王",在扬州招兵买马,举起叛旗,开设大都督府,并传檄附近州县,肆意攻击武则天。

这篇檄文,就是古今有名的骆宾王写的《为徐敬业讨武氏檄》(按此后数年始造出新字"曌"等)

首先,要明确徐敬业传檄起兵的性质是否正义? 是否对国家、百姓有利?

很明显,这伙小官吏起兵的原因,是因为犯了官纪,被削官,怀恨在心,遂乘机举众起兵,反对朝廷。所以,不是什么"义兵""义举",而是叛乱。

这时的唐朝,基本上可以说正是国泰民安,这种叛乱,必然残害广大百姓,破坏国家统一。

所以,这篇发动叛乱的檄文,即使文字写得再好,也是毫不足取的。

其次,看看骆宾王如何信口开河对武则天进行人身攻击吧:

檄文开头便咒骂武则天"性非和顺"。这正好说明武则天法纪严明,处罚了这伙不法之徒。

接着对以"地实寒微"。这句其实是为了构成骈句而胡说的。武则天父亲山西文水人,先是隋朝太原军府的小军官,但生武则天于长安时,他已被唐高祖李渊封为唐朝二等功臣及长安皇宫禁卫军将军。唐太宗登位,又命他出京做过三任都督。这样的家庭,能说"寒微"吗?现代好几篇文章说"武则天出身于木材商人的家庭",也是很错误的。

檄文接着说:"昔充太宗下陈,曾以更衣入侍。"意思是说,武则天被召入宫中,充当下级宫娥(才人)时,曾像汉武帝和卫子夫那样,在更衣室尝有不正当交往。

这是没有根据的恶意臆测。

才人之制,始于西晋武帝,唐、宋皆有,可以多至七人,要求有懂音乐、会作歌词的文才和骑马射箭的武艺。才人在宫中,主管宴会及音乐;皇后外出时,她们骑马佩箭,侍从左右。杜甫的《哀江头》曾这样描写过:"辇前才人带弓箭,白马嚼啮黄金勒。翻身向天仰射云,一箭正坠双飞翼。"

檄文又说:"洎乎晚节,秽乱春宫。……践元后于翚翟,陷吾君于聚麀。"一共十句,无非是辱骂武则天和唐太宗、高宗都在两性关系上暧昧,有意污蔑,不言而喻。

这篇古今传诵赞扬的"名文",在这十句中,就至少有如下的文字上的错误:

(1)武则天十四岁为才人,三十三岁为皇后。李治为太子,在"春宫"(东宫)时,武才人才二十五岁左右,正是妙龄,哪能说已经到了"晚节"(晚年)?

(2)"潜隐先帝之私",此句含糊不清,用字不当。在封建社会,岂能说皇帝私通宫女?

(3)"掩袖工谗",用错了典故。《韩非子·六微》曰:"魏王遗荆王美人。夫人郑袖谓新人曰:'王甚悦爱子,然恶子之鼻,子见王,常掩鼻,则王长幸子矣。'于是新人从之,每见王,常掩鼻。王谓夫人曰:'新人见寡人常掩鼻,何也?'对曰:'顷常言恶闻王臭。'王怒,劓之。"

唐高宗立武则天为皇后时,曾郑重其事,公开发表《立后诏书》,说武氏品德才学俱佳,因此,为太子时,其父太宗就把武氏赐给了他。唐太宗死后,武则天即到长安感业寺做尼姑。我认为有如下两个用意:第一、为太宗念佛,祈求冥福;第二、借出宫为尼,来改变身份,准备重入后宫。

(4)"践元后于翚翟",此二句句子不通,又患重复。

至于檄文所说武则天"杀姊屠兄,弑君鸩母",1951 年 9 月 22 日《光明日报》上的拙作《武则天批判》一文,已经这样驳斥其荒谬无稽了:

檄文之"杀姊屠兄",类似捕风捉影。因为武则天之姊韩国夫人实乃病终。武则天之异母兄两人:"武元庆为龙州刺史,至州,以忧卒;武元爽,坐事流振州而死。"[1]

檄文之"弑君鸩母",实无中生有。武则天和唐高宗已经是三十年的夫妻,朝政大权又久已掌握在武则天手中,没有任何原因需要杀害唐高宗。唐高宗明明是久病而死的。其次"鸩母",是指武则天毒杀王皇后;但是《旧唐书·后妃列传》说王皇后被废之后,武则天"令人缢杀之"。

由此可见,檄文的前半部,是挖空心思,捏造罪名,诽谤对方,连文字上也有错误、缺点,毫不足取。

至于檄文的后半部,则更无价值,无非是夸大海口,自吹自擂,虚张声势,企图蛊惑人心,夺取政权。

檄文末段,大言不惭说:"喑呜则山岳崩颓,叱咤则风云变色。以此制敌,何敌不摧;以此图功,何功不克?""请看今日之域中,竟是谁家之天下?"

雷鸣般的响亮回答是:朝廷平叛大军一来进攻,叛军就全军溃败,骆宾王与徐敬业都被杀[2]。

总之,徐敬业、骆宾王等有罪官僚在扬州起兵,是一场反抗朝廷、破坏国家统一、残害百姓的叛乱。

他们起兵的性质如此,叛军的檄文还有什么可取? 有什么值得称颂?

---

[1]《资治通鉴》卷 201。
[2] 据《旧唐书·文苑列传》。

二、武则天与牡丹花

古来，流传这样一个传说：

一个隆冬腊月天，万木凋零，一花不见，女皇武则天偏要去皇家花园赏花。女皇给众花神下了一道圣旨，要众花明天早晨就开放。

第二天，女皇来到御花园，见百花齐放，春色满园，高兴极了。但细看之后，发现唯独牡丹花没有开，女皇一怒，就把牡丹贬谪于东都洛阳。

有些传说，说女皇的圣旨是一道五言绝句："明朝游上苑，火急报春知。花须连夜发，莫待晓风催。"

清朝康熙年间编印的《全唐诗》卷5，就有这首诗，且加有标题《腊日宣诏幸上苑》。上苑即皇家花园。

标题下面有诗序云："天授二年腊，卿相欲诈花发，请幸上苑，有所谋也。许之。寻疑有异图，乃遣使宣诏。于是，凌晨，名花布苑，君臣咸服其异。"

我的山西古县的朋友，还告诉我古县白牡丹的传说。古县三合村有一株极大的牡丹，年年盛开白花。这位朋友还特意拍下三合村年近八旬的老农民耿连登在白牡丹花旁边，为村民讲白牡丹来历的照片。

父老相传说：女皇武则天贬牡丹花神去洛阳时，白牡丹中途逃奔古县三合村。

这些传说，都说明一个问题：这位破天荒出现的女皇帝具有非凡的神力，所以有六万多臣民请她当皇帝，同时给她上尊号——圣神皇帝。

然而，传说毕竟是传说。

第一、武则天的确喜欢牡丹花，以东都洛阳为神都后，曾移植山西汾阳等地的牡丹于洛阳，有唐人《牡丹赋》可证。女皇何曾贬谪牡丹？

第二、由于现代科技进步，已培育出数百种牡丹，其中多有奇异品种，如焦骨牡丹、马齿牡丹，不应把这些异种，也附会成传说。

第三、武则天为皇后、皇太后、女皇时，都居住在洛阳，尤其是以洛阳为女皇之神都的十五年间（包括天授二年），何曾去西京长安上苑贬牡丹？

第四、《全唐诗》卷5《腊日宣诏幸上苑》的诗序，抄自《唐诗纪事》一书，此书何人所写？是南宋人计有功写的。这《诏》也就可能是计有功伪造的，或许是他搜集唐代文献及口耳相传之诗歌轶事，汇成此书。

第五、中国古代皇家花园的工人早已知道冬天温室养花加温催花开的方法。

这就是所谓的"唐花"或"塘花"或"堂花"。《唐诗纪事》记载中的卿相们，既然欲诈称花发，到女皇下诏后"名花布苑"时，也明知是"唐花"，为什么还"咸服其异"，岂非自相矛盾？

三、武则天生平概貌

1. 武则天所处的时代

武则天是一千多年前的历史人物。

武则天所处的是怎样的一个时代呢？

自秦到清，是我国的封建时代，这二千一百三十二年中，换过好些封建皇朝。唐朝就是中间的一个大皇朝，共二百八十九年（618—907）

唐朝可以分为前期和后期，因为中间发生过一次军阀大叛乱（安史之乱）。

唐朝前期总共一百三十八年（618—755），即7世纪初到8世纪中间。

这一时期的全世界情况，大致怎样呢？

这一时期，美洲尚未发现，澳洲还很荒凉，人类活动的"舞台"，主要仍然在亚洲、非洲和欧洲。

这时期，唐朝是亚洲各国政治、经济、文化的中心，是全世界最强盛、最繁荣、最先进、最文明的国家。这不是"老王卖瓜"，而是现代各国的新旧历史学家所公认的。

唐朝前期，一百三十八年间，共有七个皇帝，武则天是坐在正中间的。武则天生于623年，卒于705年，享年八十三岁。大约占唐朝前期百分之六十的时间。她的政治活动，共约五十年，约占唐朝前期百分之四十弱。可见她在这一时期历史地位的重要了[①]。

武则天所处的时代，有如下特点：

（一）武则天出生前夕，有一个重要的时代背景，这就是历时大约十五年之久的隋末农民大起义[②]。

武则天出生于隋末农民大起义结束的前二年。

这次农民大起义，对唐初的人，不论那个阶级、阶层，都有一定的影响，武则天也不例外。她在制定和执行政策时，从隋末农民大起义中吸取了经验教训，至少使她要重视人心的向背，要执行加强中央集权和加强国家统一的政治路线。

（二）儒教（孔孟之道）居于统治地位，已有七百年之久（西汉元帝初至唐初），在各阶层中流传发展，深刻广泛。其次是佛教，再次是道教。

（三）父权社会、男性中心社会，建立已经几千年。从孔子说女子难养以来，也已经一千多年。

---

① 《旧唐书》说武则天终年八十三岁，其他书有八十二岁、八十一岁、八十岁的说法，皆误。

② 610—625年，具体起义时间说法不一。

在这个国家里，女人带着"三从四德"的枷锁，男尊女卑，女人不许执政，更不许做皇帝。

（四）唐朝初期，处于中国封建社会的中期，下距我国资本主义因素萌芽（明代万历年间，16 世纪）还有一千年左右。下距最后一个封建皇朝（清朝）的灭亡，也有一千多年。

中国的封建社会发展到唐朝，正在上升，还有前途，是地主阶级专政的历史阶段。

（五）此时主要有下列几种矛盾斗争：

（甲）农民阶级和地主阶级的矛盾斗争（处于低潮）

（乙）国际间的矛盾斗争，有时紧张。

（丙）统治阶级内部的矛盾斗争相当紧张。例如宫廷政变、武装叛乱。

（丁）中央政府和边境少数民族政权常有战争。

2. 武则天的籍贯与出生地

武士彟（音获，是古代的尺。同簧：尺度、法度也），是武则天的父亲。他原是山西文水县的农民，后来成了木材商人。隋朝末期，他在太原军府担任队正，大约管带五十个人。

616 年，李渊以隋朝贵族唐公的身份奉命来做"太原留守"。这时，有政治抱负的这个"队正"，和李渊、李世民父子有了交情，并积极帮助李渊父子在太原起兵。

这年（616），隋末农民战争已达高潮，并获得巨大胜利：隋炀帝已被义军围困在扬州。

617 年五月，李渊父子在太原（今晋源县）起兵，向陕西进发。九月，拿下了长安（今西安）。第二年，李渊得知隋炀帝已被杀，才称皇帝，建唐朝（618 年五月）。

武士彟参加了太原起兵，又一齐西进。唐朝建立后，他被评为二级开国功臣，一再升官，直至近卫军军官。

唐高祖李渊对老朋友武士彟很关心，620 年，皇帝知道这位四十多岁的武将丧妻之后，就给他找了对象，并由政府主办婚礼。女方是隋朝没落贵族之女杨氏。此后七年间，他们居住长安，生了三个女儿，武则天是老二，名照。出生的地点是唐朝首都长安，绝对不是四川广元县①。

李渊的三个儿子，后来分成两派：一派是老大李建成、老三李元吉，一派是老二李世民。彼此都有武装，势均力敌。

---

① 参看拙文《关于武则天的出生地》，见《中国唐史学会会刊》1985 年第 3 期。

624年，唐朝统一天下，乘农民大起义之机，收了重建地主阶级政权的渔翁之利①。

随着统一的完成，打江山、争天下的矛盾与斗争，就由外部转向内部。两个兄弟集团之间的矛盾，就与日俱增，不可收拾了。武德九年即626年六月，这两派就在长安宫城的北门——玄武门，展开了激战。结果，李世民这派得胜，他的哥哥、弟弟，都被他和他的部下杀死了。紧接着，李世民接受了其父高祖李渊的让位，登上了皇帝宝座，成了唐朝的第二个皇帝，就是唐太宗。明年，改元为贞观。

在玄武门之变的斗争中，武士彟是站在李世民这边的，他成了"贞观"功臣之一，所以，唐太宗接连擢升他为扬州都督府长史、利州都督、荆州都督。635年，武士彟卒于荆州任上。此年武则天十三岁。武士彟归葬文水之后，武家重回长安居住②。

3. 两入后宫与升为皇后的斗争

(1)初入后宫

长安是许多皇朝的首都，此时是全国政治、经济的中心，也是文化中心。生活在这里的贵族以及新旧大官僚家庭的小姐，多数都受到了相当高的文化教育。比如，唐太宗的长孙皇后识字能文；又比如武则天的母亲杨氏，能"明诗习礼"，"阅史披图"，而且能写极小的字，"曾于方寸，具写千言"③，武则天无疑至少从她母亲那里受到了很好的文化教育。青年武则天不仅知书识字，而且文才举止，都有出众表现，在长安的上层家庭中很有名誉。

这时，武则天的父亲早已不是木材商人，一直是军官，武则天就出生、长大于这高级军官（都督）之家，因此又学会了骑马射箭，能文能武，声名更大，甚至闻名宫中。

636年，武则天十四岁。大概出于长孙皇后的建议，唐太宗下令召武则天入宫当"才人"。才人是皇后宫中的一种女官，管后宫宴会及音乐等。

封建时代，如果女儿被选入皇宫当皇后或贵妃，都认为是很大的光荣，而且父母马上就会封官进位，跟着富贵起来，所以父母是十分高兴的。但是，如果女儿入宫，只是当个女官或宫女，父母便不会封官，没有多大好处，而且宫门一入深似海，从此很难见到人。因此，武则天母亲杨氏听到二姑娘被选为女官时，觉得难过，哭得很厉害。然而，十四岁的武则天却安慰母亲说："我入宫去见天子，说不定也就是咱们的福气来了呀，妈妈何必如此伤心呢？"

---

① 李家父子是地主阶级起兵争天下，而不是起义，也不是起兵反隋炀帝。
② 参看拙文《武士彟生平探索》，见《山西地方史研究》1962年第2辑。
③ 《全唐文》卷239《大周高皇后碑铭》。

从这里可以看出,武则天在少年时代就有胆有识,大大方方,别具气魄。

武则天在后宫当才人,共十四年之久,正是她从十四岁到二十七岁的青春时代。可惜的是,宫城高耸,外人难于知道她这十四年间的情况。

1706年,清朝康熙四十五年编成的《全唐诗》第五卷有武则天作的祭祀乐章多首,都是配合庙堂音乐的歌词,其特色是对上帝歌功颂德,典雅铺张。这些是现存的武才人的作品。

才人,不单要能文,还要能武,要能骑马射箭。皇帝、皇后车驾出行时,才人骑马侍从车驾左右,有时还要表演射箭。杜甫诗云:"辇前才人带弓箭,白马嚼啮黄金勒。翻身向天仰射云,一箭正坠双飞翼。"(《哀江头》)另一唐人卢纶的诗也说:"行遣才人斗射飞。"(《宫中乐》)

武则天是能骑马射箭的。有一回,唐太宗说,他新得一匹好马,名叫狮子骢,身体高大,性情暴烈,简直无人能制服它。武则天说,我能制服它,不过,需要三件东西:第一是铁鞭,第二是铁槌,第三是匕首。如果铁鞭打它,打不服,就用铁槌击其头;还不服,就用匕首断其喉!太宗听罢,称赞她真有胆略[①]!这三件武器,三种手法,其后武则天就运用成为治国精神,用它们成功地驾驭着满朝文武,达五十年之久。

武则天作才人时期,还有一件重大事情,就是皇太子李治和她已有相当的了解和爱情。李治即唐高宗。据说,因此唐太宗把才人武氏赐给了他[②]。

(2)出寺还俗,重入后宫

649年,做了二十三年皇帝的李世民病死了。皇太子李治继位,就是唐高宗(二十二岁)。

在封建制度下,皇帝死了,皇宫里有很多宫女是要陪葬的。唐朝已比较文明,让这些宫女出家当尼姑,来代替以人殉葬,并为死者祈福。

唐太宗死后,二十七岁的才人武则天,也和一些宫女走出皇宫,一齐到长安城里的一所国立寺院——感业寺当尼姑。照例是为先帝修冥福,其实是变相人殉;更主要的原因则是她和唐高宗已经商量好了,借出家来改变先朝宫女的身份,日后好重入后宫,正式成为夫妻。

武则天在感业寺,前后约四年。当然,她不能不静坐念经,随师拜佛,学习种种佛门的清规戒律。但是,她要打破那清规戒律。她人出了家,而心没有出家,她敢和佛家的戒律、儒家的礼教对抗。

---

① 《资治通鉴》卷206 久视元年。
② 根据《资治通鉴》卷200 唐高宗之《立武后诏》。

这四年间,唐高宗必须一年几次到这所国立寺院去为唐太宗烧香,他们二人在佛殿里,照过面,流过泪。

永徽三年(652),高宗的三年孝服已满,又得到了王皇后的同意和鼓励,就接武则天走出佛门,重入后宫,蓄发还俗。这年武则天三十岁,是她一生中的重大转折点。

永徽五年,654年,唐高宗正式升武则天为妃子,封号是昭仪,位次于贵妃。于是,王皇后、萧淑妃、武昭仪,在宫廷里展开了争宠活动。

唐高宗一直偏爱武则天,支持武则天。为什么这样呢?是不是因为武则天"狐媚偏能惑主"呢?

不是。原来,唐太宗自从太子李承乾搞宫廷政变的丑事发生之后,选立李治为太子,从开始就对李治的教育特别注意。比如看见太子乘船,就告诫他说:"水可以载舟,亦可以覆舟,民如水也,舟如君也。"这是隋末农民大起义的启示与教训。又如,唐太宗坐朝理政时,常叫太子李治在旁边实习。又违反旧规,命"太子居寝殿之侧,绝不往东宫",引起大臣刘洎上书力谏[1]。因此,高宗当太子时,就长期有机会在父母宫里接近武则天,不单渐生爱慕,而且早就了解到:才人武则天文武兼长,且富有政治才能。加之,武则天重入后宫之后,高宗虽然还不到三十岁,却有了"风眩"顽疾,大概是严重的高血压病和耳前庭功能失调,常常"头重,目不能视"[2]。这样就需要得力的后妃来助理国家大事,而武则天恰好比谁都能胜任。

唐高宗曾想把武昭仪升为宸妃与淑妃平等,但大臣韩瑗与来济等谏阻,说古来宫廷制度上没有"宸妃"这个名号,和儒家的"礼"不合,高宗只得作罢。不久,又想索性升武昭仪为皇后罢了。

(3)升为皇后的斗争

唐高宗的王皇后(山西祁县人)一直没有生育儿子,而武昭仪入宫后,则已经生下第一个男孩(皇子李弘)。

唐高宗就想以有子无子为理由,废王皇后,立武则天。但是,唐高宗知道,如果要这样做,必须先得到几位手握大权的元老重臣的同意,首先必须打通宰相又是自己舅父——长孙无忌这一关。

654年三月,唐高宗封武则天为昭仪。十二月,高宗特意带着武则天和她的初生的男孩,到长孙无忌的府里去"玩"。高宗夫妇和国舅及其家人热情周旋,且"酣饮极欢",并在酒席上当面封了长孙无忌之宠姬所生的三个儿子为朝散大夫,又载了十车

---

① 《贞观政要》卷4。
② 《资治通鉴》卷200显庆五年。

的绸缎锦绣、金银珠宝,赐给长孙无忌家。然后,慢慢谈到武则天已生男孩,王皇后不能生育,怎么办? 老奸巨猾的国舅一听这话,心里就明白:这是想废王皇后,立武则天。就故意不把话题接下去,而拿别的话来搪塞,并暗示:老臣坚决不同意立出身卑微的武氏为皇后。

唐高宗夫妇费了九牛二虎之力,满以为可以打通长孙无忌这一关,谁知碰了一鼻子灰,扫兴而回。然而唐高宗不是昏君,武则天有制服烈马的勇气,他们并不灰心,要继续干下去。

转眼就是明年(655),废立皇后的消息和斗争,就像解冻的湖水一样,它的波纹,已从宫廷里扩展到官僚阶层中。从正月到十月,围绕着废立皇后的问题,朝廷大臣之间,已经分成两大派:反武派与拥武派。

反武派以长孙无忌、褚遂良、韩瑗等为代表,他们是关中地区的贵族官僚大地主,其特点是"累代传经""累世公卿",就是地位特殊、世世代代做各朝的高官贵族,熟读儒家《五经》,坚持门第等级观点,轻视寒微,顽固保守,把持朝政大权。

拥武派以李勣、许敬宗、崔义玄等为代表,他们是新起来的关外(关东)地区的一般官僚,属于中小地主阶级,虽然也读过《五经》,但同时有比较进步的权变、革新思想,却只是朝廷的外层大官。武则天本人和她父亲,正属于这一派。唐高宗也站在这一边。

一边是尊儒循礼的关中贵族官僚(大地主)。

一边是愿意革新的关外一般官僚(中小地主)。

所以,这次废立皇后之争,不单是宫廷后妃争宠斗争,又是两派朝臣争夺朝政大权的斗争,也是中小地主阶级与旧贵族大地主的斗争。

武则天不但不是被动的,反而是主动地站在斗争前列的。她并非像历朝后妃那样单纯为了争宠,而同时是为了争权。因为她是政治家。

唐高宗虽然贵为天子,可发圣旨,但是由于阻力特大,斗争了好几个月,他都下不了最后的决心。长孙无忌与褚遂良都是所谓"顾命大臣",就是唐太宗临死时,曾当面嘱托他们辅佐高宗的元老重臣。他们有极高的地位和权力,甚至可以发动政变,废掉年轻的皇帝。

两派斗争了几个月,到了永徽六年(655)九月,矛盾已经发展到非常尖锐的阶段。有一天唐高宗传旨,召长孙无忌、褚遂良、于志宁、李勣四位大臣入内殿商议要事。褚遂良猜到高宗召见的目的,是要他们同意立武则天为皇后。因此,就先对长孙无忌说:"今天的召见,一定是废立皇后问题。皇上好像主意已定,要立武昭仪,谁再反对,恐怕就有性命危险。但是咱们哪怕杀身成仁,也要反对到底! 不过,你是国舅又是功臣,今天不能让皇上担杀国舅、杀功臣之名,而我褚遂良却没有这些顾忌,所以应当由我来冒这个险,犯颜直谏!"①

这两位元老到了内殿,唐高宗果然开门见山地说:"王皇后无子,武昭仪有子,今欲立武昭仪为皇后,何如?"

褚遂良抢先就说:"王皇后,名家之女,先帝为陛下所娶。先帝临崩,执陛下手谓臣曰:'朕佳儿佳妇,今以付卿。'此陛下所闻,言犹在耳。皇后未闻有过,岂可轻废!臣不敢曲从陛下,上违先帝之命。"经过一番争论,此日君臣不欢而散。

武则天这些日子也极为忙碌,一面在宫中和王皇后、萧淑妃斗争,一面和外朝官僚联系,扩大舆论。比如中书舍人李义府、中丞袁公瑜、御史大夫崔义玄等都向武则天表示拥护。武则天几乎和高宗皇帝不分内外,并肩战斗。

第二天,高宗又召他们商议,武则天照例在帘后参加。这回,褚遂良就明目张胆地说出他的顽固的儒家观点,指斥武氏出身卑微,不可为皇后。他说:"陛下必欲易皇后,伏请妙择天下令族,何必武氏!武氏经事先朝,众所具知,天下耳目,安可蔽耶!万代之后,谓陛下为如何?"

褚老头越说越激动,竟拼老命威胁高宗说,皇上不听,我就不干了:"因置笏于殿阶,解巾,叩头流血,曰:'还陛下笏,乞放归田里!'"

他竟敢倚老卖老,在皇帝跟前放肆,大发脾气。高宗也勃然大怒,叫道:拉出去!

武则天受到侮辱,更怒不可遏,大声说:"何不敲死这家伙!"长孙无忌说:"遂良受先朝顾命,有罪不可加刑。"于志宁不敢表态,李勣又托病没来。

反对派的气焰,有越来越高之势。比如韩瑗又入宫,向高宗"涕泣极谏"。明早又谏,哭得更厉害。后又上表说:"《诗》云'赫赫宗周,褒姒灭之',如果立武氏为皇后,眼看大唐就要亡国!"

来济也上表谏曰:"王者立后,上法乾坤,必择礼义名家……孝成帝纵欲,以婢为后,使皇统亡绝,社稷倾沦。"

顽固保守的儒家大臣的阻力越来越大,武则天和唐高宗的苦恼也越来越沉重。恰好,没过几天,李勣主动入宫求见。高宗皇帝以带悲观泄气的口吻对他说:"朕欲立武昭仪为后,遂良固执以为不可。遂良既顾命大臣,事当且已乎?"

李勣却毫不气馁地说:"此陛下家事,何必更问外人!"言外之意是:照皇上的意思办就是了。

李勣是杰出的军事家,也有开明观点,他是关东人,出身于隋末农民大起义的瓦

---

① 《资治通鉴》卷 199 永徽六年。

岗军中。这几个月,李勣观察着皇后废立斗争的整个局势,按兵家的战略行事,最后看到时机已成熟,才出来画龙点睛。他巧妙地表达了拥护武则天的意思,拈出"家事"二字,点化了进退失据的唐高宗。

李勣是将领的代表,又是拥武派中小地主的代表人物,他一点头,高宗知道有了大靠山了,顿时增加了斗争勇气。

"家事"的提法,也使唐高宗在思想认识上提高了一大步,摆脱了困境。因此,下定了皇后废立的决心。首先把反对派首领之一的褚遂良贬出朝廷,放到远离二千五百里的潭州去做了个都督。

此时,许敬宗也用"家事"论调,大造舆论。对朝臣们说:"田舍翁多收十斛麦,尚欲易妇;况天子欲立后,何豫诸人而妄生异议乎!"[1]

拿"田舍翁"来比唐天子,是新鲜、大胆的提法,是违反孔孟之道"君君臣臣"的提法,难怪宋朝司马光等在《资治通鉴》里说:许敬宗对皇上犯了大不敬罪。但唐高宗开明,许敬宗无恙。

过了几天,已是旧历十月,已有决心的唐高宗就毅然决然于十月十三日下诏废王皇后为庶人。十九日,下诏立武则天为皇后。

立后诏书大意说:武则天生长功臣家庭,出身上层社会,从前由于才行出众,被选入宫,在长孙皇后宫中,很有名誉。我当太子时期,常在皇宫,侍奉父皇,深知武氏才德并茂。父皇太宗也赞许武氏,因以武氏赐给我。正如汉宣帝把宫女王政君赐给太子(元帝),因而生子,继承帝位一样。下赐武氏,今已八年。如武氏之才德,"必能训范六宫,母仪万姓。可立为皇后!"

三十三岁的武则天终于成了唐朝第三代皇帝的皇后。

这立后诏书见于《资治通鉴》卷 200 及宋人程大昌撰《考古编》卷 7,但各有删节,应合看。

第三天,宣布大赦天下。为了安定反武派的人心,同日,武皇后公开上表,说:往日皇上要封我为宸妃时,韩瑗与来济认为不合古制,"面折庭争",难得他们"深情为国",所以"乞加褒赏"。

十一月初,举行册封仪式。唐高宗亲自临轩,由元老大将军司空李勣主持册封新皇后典礼。这天,此事轰动了首都长安,文武百官及外国使臣们纷纷到肃义门举行了朝拜武皇后的礼节,众大臣的夫人们则进入皇宫拜贺了新皇后。这是史无前例的一片欢腾的景象,更是有政治意味和政治背景的景象。

---

[1] 《唐会要》卷 3,又《资治通鉴》卷 199 永徽六年。

这景象能说明什么呢？

它说明了：一、立后斗争，久已众所周知，也是众所关心的事；二、武则天虽有一些弱点，但是她的才德仍然是众望所归；三、革新势力已有广泛的社会基础。

这空前未有的景象也说明，中小地主的革新势力，已在长安居于优势；也预示了代表革新势力的武则天将稳坐几十年天下。

武则天主动地参加了立后斗争，而且她争的不仅是普通的"正宫娘娘"，她有政治思想，她争的是处理朝政大事的执政皇后。这一点也是史无前例的，也是武则天反对"牝鸡无晨"（女人不能执政）儒家说教的积极表现。她确是一位有胆有识的女政治家。

4. 三十年间的执政皇后

一般的皇后，是深处宫中，不管外事的。因为儒家说："女主内，男主外。"武皇后是不是执政皇后呢？这一问题，要先搞清楚。因为有人认为皇后武则天没有执政。

《旧唐书》卷 6《则天皇后本纪》说：高宗"自显庆（656，即武则天被封为皇后之明年）以后，多苦风疾，百司奏事，皆委后详决。自此，内辅国政数十年，威势与帝无异。当时称为'二圣'"。此外还有几条材料都证明她是执政皇后。

这条材料，说明了武皇后不是一般皇后，而是执政皇后。实际从 654 年封为昭仪，直到 683 年唐高宗病死，这三十年间，武皇后表面是"内辅国政"，实际是二位一体、全权在握的执政者。

三十年间，武皇后的政绩怎样呢？

两个中国历史上未曾有过的尊号，可以说明一些问题。

664 年（武皇后四十二岁），唐高宗每两日坐朝视事一次，但是他血压高、头昏目眩，无法视事，所以武皇后就垂帘于下殿，坐高宗后面，"政无大小，皆与闻之。天下大权，悉归中宫，黜陟、生杀，决于其口，天子拱手而已，中外谓之'二圣'"①。《资治通鉴》卷 201 根据《唐实录》这样说。

《唐历》所记稍异："群臣朝谒，万方表奏，皆呼为'二圣'。帝坐于东间，后坐于西间。后随其爱憎，生杀在口。"

都说明了当时朝里朝外，乃至外国，都称"二圣"。

十年后，又有一事。

674 年（武皇后五十二岁），群臣上尊号：高宗称"天皇"，武后称"天后"。这又是史无前例的称号，光荣的称号。

———————————

① 《资治通鉴》卷 201 麟德元年。

"二圣""天后"都是稀有的光荣称号,是天下人给她的。

四年后,又出现异事:文武百官及外族外国使臣"朝天后"!

这些可以说明,对于三十年间的武皇后的政绩,大多数人基本上是称赞的,是敬佩武则天的。

这三十年间,唐朝继唐太宗的"贞观之治",仍旧富强繁荣,对外战争不断胜利,国内政局稳定,社会经济更加繁荣。这就是产生光荣称号的实际背景。

这一方面是武则天继续和保守派斗争而且接连获得胜利;另一方面是武则天执行了体现革新政治路线的《帝范》十二条。

执行革新路线的《帝范》十二条是什么?

唐太宗晚年,总结了他治国二十多年的经验,给继任者高宗编了一本皇帝必读教科书,叫作《帝范》。编成后,他郑重地授给高宗,并且说,我所要嘱托你怎样当皇帝的话,都写在这里了,我死时候就没有遗嘱了。可见此书的重要。

《帝范》一书,有十二个项目。原书顺序如下:一、君体;二、建亲;三、求贤;四、审官;五、纳谏;六、去谗;七、戒盈;八、崇俭;九、赏罚;十、务农;十一、阅武;十二、崇文。

这十二条中,除了"建亲""崇文"两条之外,其余十条都属于国家富强路线:

"君体",是讲为君的根本。

"求贤""审官""纳谏""去谗",也就是韩非说的"明主不羞其卑贱也,以其能为可以明法,便国利民,从而举之"[1]。

"赏罚",韩非主张"审合刑名""明法尚功""责功重赏""任刑用诛"[2]。

"务农""阅武",就是商鞅的耕战并行、李悝的"尽地力之教",也是王充《论衡》说的韩非"贵耕战"。

三十多岁的武皇后,由于政治路线的正确,继续和反武派斗争,摧毁了他们的政变阴谋,体现了武则天的敢干、彻底的精神。

655年十月,武昭仪被立为皇后,这是她本人与反武派斗争的胜利,也是拥武派的胜利。立皇后的前一个月,贬反武派干将褚遂良为潭州都督。反武派是不甘心的,第二年十二月,其代表人物韩瑗就出面上表为褚遂良喊冤,"二圣"不许。韩瑗、来济、褚遂良等就策划进行宫廷政变,企图推翻"二圣"。到657年八月,阴谋败露,拥武派许敬宗与李义府指名控告他们"潜谋不轨"。经朝廷审查后,贬宰相韩瑗与来济为远州的刺史,褚遂良和柳奭都加重处分。这次斗争,武皇后又胜利了。

---

① 《韩非子·说疑》。

② 《论衡·非韩篇》。

此时,朝里只剩反武派的最大首领长孙无忌,因为他地位特殊又比较隐蔽,还没有动他。反武派继续活动,"司隙谋反"。659年四月,"二圣"终于给这一伙顽固大臣以最后打击:流放长孙无忌于黔州,而使他自杀;杀柳奭、韩瑗;贬于志宁等十三家。

《资治通鉴》卷200感慨地说:"自是政归中宫矣!"这正好说明在朝廷这些年的两派斗争中,武皇后是掌握朝政大权的。

六年后,664年十二月,反对皇后执政的大臣上官仪,勾结宫廷内一些人,阴谋政变,事败,父子被杀。

武皇后自己能骑马射箭,也曾率将士校猎于远郊,练兵于许、郑(657),并选拔调遣过许多将帅立功边陲。

武皇后时期的对外战争,时间、规模、战果都远远超过了唐太宗时期。

674年冬天,天后提出施政大纲十二条,作为《帝范》十二条的发挥。唐高宗曾发"诏书褒美,皆行之"[1]。

政纲十二条是:一、劝农桑,薄赋徭。二、给复三辅。三、息兵。四、禁浮巧。五、省工费力役。六、广言路。七、杜谗口。八、习《老子》。九、父在为母服齐衰三年。十、保护勋官。十一、京官八品以上加禄米。十二、百官任事久,材高位下者,得进阶申滞。

《帝范》第十项是"务农",而武皇后的政纲第一条就是"劝农桑,薄赋徭"。这也是她重视富强路线的表现。

这三十年间,物价平稳,户口增加,经济繁荣,国力强盛,文化发展,正说明了作为封建社会之根本的农业,通过广大农民的生产斗争与阶级斗争,是继续发展的。武则天在政策路线上抓农业生产,是正确的,有成绩的。

《帝范》强调"戒盈""崇俭",天后就提出"省工费力役",禁止朝廷各大衙门"浮巧"。荀况说:"强本而节用。"

"纳谏""去谗"也是君主执行富强路线的必要条件,天后曾努力实践,并提倡"广言路""杜谗口"。

656年,武皇后曾作《外戚诫》。

675年,又编发《臣轨》以配《帝范》;颁《百僚新诫》,以整肃官府,加强法治。

这些表明了武则天和唐太宗一样,施政方针是儒、法并用的。

5. 六年间的执政皇太后

(1)敢把皇帝拉下马

683年十二月,唐高宗病卒(629—683,五十六岁)。太子李显受遗诏,于枢前即

---

① 《资治通鉴》卷202上元元年。

位,是为中宗。宰相裴炎辅政。尊天后为皇太后。

唐中宗继位时,已经二十八岁了。但他愚昧、荒唐,至少也像《旧唐书·中宗本纪》上说的:是虽有贤臣也不能辅佐好的"孱主"。他"志昏近习,心无远图,不知创业之难,唯取当前之乐"。

唐中宗之妻韦氏随着被封为皇后,因此,其岳父韦玄贞也由地方小官,被越级擢升为首都区的豫州刺史。可是唐中宗夫妇还想升韦玄贞为宰相,但原宰相不肯答应。唐中宗大怒,竟说:"给他一个宰相职位算得什么!我就是把皇帝宝座给了他,又有何不可?"

唐中宗的愚蠢,使裴炎十分惊异,于是把这情况向皇太后汇报了。

武则天本来就了解自己的亲生儿子的,听了裴炎的报告,就更加肯定唐中宗不但糊涂透顶,不能为一国之君,且要推行"任人唯亲"的错误路线!失望之余,就和裴炎等大臣布置废弃中宗。这时已是冬末春初。

光宅元年(648)二月初五日,武则天在京都(洛阳)宣布:召集君臣大会于乾元殿,命令羽林将军程务挺等亲率近卫军入宫城警戒,选高级卫士到乾元殿上警卫。这样森严的场面,使青年皇帝中宗和文武百官面面相觑,惊异无语。这时,宰相裴炎出来,当众宣布皇太后诏令:中宗昏庸无德,不能为一国之主,立即废为庐陵王!马上命令扶中宗下殿。中宗愤怒地质问:"我何罪?"武太后大声说:"你想把江山给了韦玄贞,何得无罪!"[1]

随后,又宣布:命令她的第四个儿子(最小的亲生子)李旦为皇帝。中宗因为态度不好"幽于别所",流放韦玄贞于钦州(今属广东)。

这样森严的大朝会,这样果断的处置,几乎令人难于相信是出于六十二岁的老母亲之手!

此时,孔孟之道早已深入人心。《礼记》说:"亲亲为大。"儒家主张,女子应当遵守"三从",即"未嫁从父,出嫁从夫,夫死从子"。唐中宗明明是武则天夫死之后应从之子,而她偏不遵"孔圣人"的教导,不但不从子,而且还把此子拉下宝座,幽禁起来。你看,她多么果断!多么泼辣!

自从儒生叔孙通等按照儒家之礼,在西汉制定了封建皇朝的"朝礼"之后,中国皇帝架子之高大,气派之尊严,世界各国的皇帝就莫能相比。在封建社会,如果言语举动上对皇帝有不敬之处,就可能被认为犯了十恶大罪之一条。皇帝是"圣上"、是"至尊",谁敢不敬?然而,一位六十二岁的老太婆,在光天化日之下,在文武百官之前,竟

---

① 《资治通鉴》卷 203 光宅元年。

然"敢把皇帝拉下马"。这是什么精神？什么气魄？这不是出于私人感情,而是以阶级利益、国家利益为重的勇敢无畏的精神与气魄啊！

(2)临朝执政,加强法治

六十二岁的武则天于684年二月废中宗,立睿宗(李旦)。据《旧唐书》本纪说,"李旦谦恭孝友,好学,工草隶,尤爱文字训诂之学"。武则天也已经了解到李旦不是雄才大略的君王,而是埋头伏案、啃书本的书呆子。武则天有政治家的兴趣和热情,而且她不能不重视李唐皇朝的利益,她怎能放弃国家大事而不管？所以,虽然自己六十二岁了,虽然已立李旦为皇帝,但是,她不能不继续独揽大权,亲管天下军政大事,只好让睿宗"居于别殿",当个名义上的皇帝。

从此,武则天每天仍然勤理国政,每隔一天,黎明出宫,以皇太后身份登上皇帝宝座,朝见文武百官。满朝文武对她,不论是上朝时,或书面上,都称她为"陛下",她对群臣称"朕"。这是"圣后""天后"应有的发展。

从684年到690年,这六年间,和以前的三十年一样,武则天是事实上的唐朝皇帝。

684年,武则天改变了汉代以来的中央最高各机关的名称。比如:唐朝中央三大机关的中书省改为"凤阁",门下省改为"鸾台",尚书省改为"昌台",左右仆射改为左右(丞)相。

武则天也有爱虚荣的毛病。比如:喜欢臣民献祥瑞,喜欢改年号,这六七年间,就用过六个年号(嗣圣、光宅、垂拱、永昌、载初、天授)。

上述改中央三省名称,却不能作为爱虚荣看待。此理,第一,有要求名称现代化、通俗化的意思。比如:"仆射"这个名称,太古老了,既不好懂,又不好读(仆射应该读成"仆夜"),不如改为丞相。第二,有实事求是精神的表露。战国时期,荀子、韩非子都主张要"循名责实","制名"必须"指实"。

还不止如此。武则天同时改御史台为"左肃政台",以检察首都百官;又增设"右肃政台",以检察郡县官吏。肃政台就是严肃整顿政治的中央检查司法机关,不但比旧日的御史台现代化、通俗化了,而且更重要的是,表明了武则天加强法制的决心和措施。

武则天有知己知彼、洞观天下的眼光,她知道自己有很多弱点,也曾经受人攻击。唐高宗一死,她的一块护身招牌就倒了。她知道,从古以来,女人是不许参政的,太后临朝执政,汉朝吕太后和晋朝贾太后,虽然都是著名的先例,但都已受到后人的责骂,可为"殷鉴"！

以前的三十年间,反武派虽然先后遭到了沉重的打击(如褚遂良、长孙无忌、韩瑗等人都被贬逐得家破人亡)。然而,新的反武派还会产生,而且要露头,要搞倒武政变。

因此,武则天加强"法制",不是无的放矢,而是有其必要的。

眼前的宰相裴炎就是儒家死硬派的强手。

数千里外的扬州,有一小撮失意分子、野心家正想钻这次废中宗的空子。

(3)武装叛乱爆发了

684年二月,废中宗;九月,武装叛乱就爆发于扬州。这对朝廷来说,像一个晴天霹雳,它大大不同于过去的辱骂和未遂政变。

隋末农民大起义造就了不少杰出的军事家,例如,活跃于唐朝初期的三李——李世民、李靖、李勣。李勣就是瓦岗寨英雄之一的徐世勣(小说里面的徐茂公),归附唐朝后,赐"国姓"李;李世民做皇帝之后,因避皇帝的名"讳",去掉了"世"字,称为李勣。

李勣于唐朝有大功,是李世民的功臣,又是武则天的功臣,其地位之高、荣华之甚是不难想象的。然而,侯门王府等富贵之家,照例多养成子孙们懒惰腐化,只知吃喝玩乐,不知学习上进。李勣的孙子李敬业、李敬猷就是这样。李敬业虽袭其祖父封爵,称英公,但没有出息,武则天只得照顾他,让他作了个州的刺史。李敬猷是个赌鬼,做了个县令。

李氏兄弟这一伙,还有唐之奇、骆宾王(长安县文书)等,共六个人,他们都是小官吏,此时都是因为犯了罪,受到了"法治"的处分,贬低了官职。因此,他们"皆会于扬州,各以失职怨望,乃谋作乱"①。

他们是一伙野心家、阴谋家,妄图乘废中宗之机搞分裂割据。经过几个月的策划、拉拢之后,就跑到扬州发动了武装叛乱。

李敬业一到扬州,就假说:奉"密旨"来征兵,去讨伐岭南的"高州酋长"。因此,骗到了十万左右的人马。他自称为"匡复府上将扬州大都督",在扬州开设了三个衙门:匡复府、英公府、扬州大都督府——露出了狰狞面目——打倒武太后!扶中宗复辟!即所谓"匡复"。

他们不知天高地厚,竟得意忘形,发檄文,造舆论,动兵马,攻州县。但是,遭到一些地方武装的阻击,叛军没有多大进展。

武则天当皇后时期,她运筹帷幄之中,决胜千里之外,进行过多次边境战争与国外战争,多数获得胜利。所以,她接到扬州叛乱的消息后,照样临危不乱,指挥若定。首先宣布派大将军李孝逸为扬州道大总管,率领三十万大军,进讨叛乱集团。接着宣

---

① 《资治通鉴》卷203光宅元年。

布取消李敬业的一切世袭权利,并不准他姓李。

(4)宰相裴炎阴谋政变。

李敬业集团在九月举行叛变之前几个月,曾派人到各处活动。比如,劝润州(今江苏镇江)刺史李思文参加倒武。李思文虽是李敬业的叔父,但他深明大义,不肯附逆,而且向武太后揭发了李敬业的阴谋。

他们知道出名的儒家大臣宰相裴炎是坚决执行儒家路线,骨子里反对武则天以女人执政的。因此,派长安县文书骆宾王去进行巧妙的煽动。唐人张鹭的《朝野佥载》卷5有这样的记载:

> 裴炎为中书令,时徐敬业欲反,令骆宾王画计,取裴炎同起事。宾王足踏壁,静思食顷,乃为谣曰:"一片火,两片火,绯衣小儿当殿坐。"教炎庄上小儿诵之,并都下童子皆唱。炎乃访学者令为解之。召宾王至,数啖以宝物锦绮,皆不言。又赂以音乐、女妓、骏马,亦不言。乃对古忠臣烈士图共观之。见司马宣王(司马懿像),宾王欻然起曰:"此英雄丈夫也!"即说自古大臣执政,多移社稷。炎大喜。宾王曰:"但不知谣谶何如耳?"炎以谣言"片火绯衣"之事白。宾王即下,北面而拜,曰:"此真人矣!"遂与敬业等合谋,扬州起兵,炎从内应。书与敬业等合谋,唯有"青鹅",人有告者,朝廷莫之能解。则天曰:"此'青'字者,十二月;'鹅'字者,我自与也。"遂诛炎。

山西闻喜县的裴家,是有名的世家大族,在唐代出了不少高官。裴炎就是闻喜人,从小熟读儒家《五经》,特别精通《左氏春秋》。他从国家考试的"明经科"考取了功名,一路做官,直升到宰相。武则天一手重用了裴炎,她很了解裴炎的长处与短处,知道裴炎是坚持孔子的"春秋大义",反对女人执政的。

裴炎曾布置过逮捕武则天的政变阴谋,但是没有得到下手机会。

武则天不是静守闺房、不出深宫的女人,她会骑马射箭,爱到名胜地方游玩。龙门山即伊阙山,在洛阳南面,隋炀帝曾欣赏过这个地方,说过古代帝王为什么不在龙门建都,是古来名胜。武则天常去游览散心。武则天从来就重视军事力量,重视自己紧握兵权。她牢牢地把首都近卫军掌握在手里,裴炎要想发动武装政变,打进皇宫,是完全不可能的。因此,裴炎就策划乘武太后出游龙门时劫持她,逼她交出政权,让她儿子中宗复辟。然而碰上长期下雨,天气不佳,武太后不想出游,因而裴炎的政变阴谋没有得逞,而自己却被捕了。欧阳修的《新唐书》卷117《裴炎传》提供了这条材料。

　　儒家裴炎虽然和李敬业集团有勾结,还约为内应,但发动政变的日期没有约好,裴炎是主张十二月动手的,但李敬业九月就发动了,裴炎在长安势孤力弱,无法响应。

　　扬州叛乱的消息传到东都后,裴炎非常焦急,预知大事不妙,使他连假装主张积极讨伐的态度也表示不出来。等到武太后找他商议此事时,他只好孤注一掷,当面说出他平时的观点,要求武则天退位。他说:"今皇帝年长,不亲政事,故竖子得以为辞,若太后返政,则不讨自平矣。"

　　在肃政台的监察御史崔詧很机警,听到裴炎这样说,就检举裴炎,指出裴炎久已大权在握,如果没有阴谋,为什么要请太后归政?

　　武则天耳聪目明,已经掌握裴炎谋反的材料,今裴炎既然不打自招,又有司法大臣的检举,条件已经具备,形势又很紧张,就下令逮捕裴炎下狱①。

　　孔子说"杀身成仁",孟轲说"舍生取义",儒生裴炎忠实地执行孔孟遗教,决心以老命殉孔孟之道,一被捕,他就不想再活,所以态度更加强横,真是武则天说的:倔强难制。这也反映了当时士大夫中,儒家思想的根深蒂固。

　　审讯完毕,就公开绞死裴炎于洛阳之都亭驿,有示众的意味。曾有两个大官替裴炎喊冤,且说,如果说裴炎反,那么我们也反了。武太后说:不,我知道你们不反,我知道裴炎的确是反。

　　十一月,武则天采取"狮子搏兔用全力"的战略方针,又加派大将军黑齿常之(朝鲜的百济人,高宗时的唐朝名将)为江南道大总管,率兵进讨李敬业。叛军更难抵挡了。

　　奉命正面进攻扬州的李孝逸部队,后来采用了随军的殿中侍御史魏元忠的战略方针,进展比较迅速,一路拔除了敌人据点,终于兵临扬州城下,最后和李敬业的主力在扬州城外一条河上展开决战。唐军几乎要败下阵来,经将士苦战,并"因风纵火,敬业大败,斩首七千级,溺死者不可胜记"。唐军收复了扬州,一面追击逃敌。李敬业等带着妻儿逃出扬州,走到浙江,想从海路逃往日本,但因风大,不能出海。前有大海,后有追兵,最后"其将王那相斩敬业及骆宾王首,来降,余党皆捕得,传首东都,扬、润、楚三州平"。野心家李敬业、阴谋家裴炎,都失败了②。

　　叛军秘书骆宾王为李敬业写了一篇《讨武氏檄》,当时和以后千多年间,"儒林"里面,有广泛的影响,博得了不少同情和称赞。例如《古文观止》等书,甚至中华书局的《文史知识》1985年第2期竟发表专文吹捧"骆檄"!其实不过是一气吹牛皮,满纸荒

---

① 《山西历史人物传》第156页批评武则天"夺权",说裴炎冤枉。这是十分错误的。

② 《资治通鉴》卷203光宅元年。

唐言。我已有一文加以驳斥①。

该檄文最后,大吹其牛说:"试看今日之域中,竟是谁家之天下!"战争的结果,如此迅速而明显,七十天左右便彻底崩溃,叛乱首领想逃往外国,却落得身首异处。那两句"豪言",倒成了这一小撮破坏国家统一的叛乱分子的有趣的讽刺了。

清洗反对派,杀大将程务挺。

平定了李敬业叛乱不久,同年十二月,武则天又在国防军中进行清洗,杀了大将程务挺,流放了大将王方翼。因为程务挺和叛军骨干唐之奇等相友好,裴炎被捕后,程又曾上表为裴炎辩护。"或谮之曰:务挺与裴炎、徐敬业通谋",武则天马上派遣近卫军的左鹰扬将军裴绍业,到北边国防线上程务挺司令部,宣布武太后命令,斩了程务挺。西北边的国防大将王方翼,因和程务挺"素相亲善",也遭到流放的处分。

今从各种材料考查:说这两员大将要谋反,都没有明确证据。看来是武则天给李敬业和裴炎搞得神经过于紧张了,所以仓猝之间采取了无可挽救的错误措施。北边的突厥贵族听说程务挺被杀,都欢天喜地,宴饮相庆。

(5)李家贵族的叛乱

武则天由皇后成为太后的头一年(684),就这样以"多事之秋"而告终了。

垂拱元年(685),从元旦起,就采取了很多缓和矛盾的措施。例如:大赦天下,广开言路,广征人才等等。

这些政策,起了相当大的作用,但是不可能完全消除各种矛盾。

垂拱四年(688)八月,李家贵族们又搞起了叛乱。

此时的皇家贵族多是唐高宗的兄弟叔侄。他们既贵且富,有很多特殊待遇,又都封了王,当上了各州的刺史。他们受到了"良好"的教育,正是因有充分的儒家教育,他们都有顽固的男尊女卑的观点,认为女人必须严守"三从四德",只能"主内",不应"主外"。像武则天这样主持朝政,管理天下,那就太狂妄了。这是儒家的礼教不能许可的,也是李家的"家法"不能容忍的。他们总是对这位"大胆妄为"的李家媳妇,抱着日益增长的不满情绪与仇恨。

这几年,他们"往来相约",阴谋发动倒武政变。然而,这些贵族肠肥脑满,无勇无谋,更不清楚时势。其中有个琅邪王李冲,是高宗的侄辈,668年,首先在山东聊城冒冒失失轻举妄动起来。他打起反武旗号,要复辟李家江山,就以准备好的五千人马,去攻打邻近的武水县,但遭到武水一千二百人的抗击,竟溃败而逃。李冲还走聊城,

---

① 《山西大学学报》1985 年第 3 期。

"至城门,为守门者所杀。凡起兵七日而败"①。

可见李冲十分不得人心。其他各地贵族,听到败信,就都不敢动了。唯有李冲的父亲越王李贞知道其子犯了灭九族之罪,自己不反也是死,便瞎凑了五千人,委任了五百名官员,打起了反旗。李贞大概也知道"孔圣人"是打不过武则天的,就请道祖李老道君和佛祖释迦牟尼来帮忙,他"使道士及僧诵经以求事成,左右及战士皆带辟兵符"。但是,将士们"莫有斗志",在豫州(今河南汝南)城东,刚一开战,就"兵溃而归",自己则闭门自杀。

还有一些贵族,知道自己曾参加反武阴谋活动,看到李贞父子败亡,就畏罪自杀,或被迫自杀。享受分封制特权的李家贵族,到此全部垮台。因此,旧时儒生往往骂武则天凶恶,大杀李唐宗室,其实他们是一群腐朽的寄生虫,落后的分封制的遗孽。

武则天派到这两处的将领贪功滥杀,致使许多百姓家破人亡,这是武太后也应该负责的。

这几年,裴炎的政变阴谋、徐敬业的武装叛乱、李贞父子的复辟挣扎,都像蚍蜉撼大树,可笑不自量,迅速失败了。

他们都想"复辟",都想打倒新起的女性统治者,而其结果都失败得迅速而干脆。

这能说明什么呢?

第一,说明了他们的复辟活动是不得人心的、不合时宜的(违反历史发展要求的)。第二,说明了武则天政府是稳固的,不易颠覆的,也就说明了三十多年来,武则天的执政,是有成绩的,基本上能得到各阶层的拥护。第三,说明了这是统治阶级内部矛盾斗争激化的表现,在战争中,百姓是受害者,广大劳动人民是反对这种战争的。第四,说明了坚持儒家保守复辟的观点与政治路线的集团,总是要失败的。第五,说明了加强中央集据,反对分封割据;加强国家统一,反对分裂的路线,得到了各阶层的支持拥护,获得了胜利。执行正确路线的武则天朝廷,正有前途。

当时李家贵族"诸王往来相约结",要搞反武政变,他们以为"若四方诸王一时并起,事无不济"。谁知刚一露头,就顷刻败灭,而武则天的天下,依然"海内晏然,纤尘不动"。

《资治通鉴》卷205说:武则天"任用酷吏,先诛唐宗室贵戚数百人,次及大臣数百家,其刺史、郎将以下,不可胜数"。其中一部分是被酷吏诬陷的好人和文武官员的家属,但主要的是搞武装叛乱、搞政变阴谋、失职犯法的官吏。不杀这些人,就不能维护法治,就不能巩固中央集权和国家统一。所以骂武则天"好杀""残酷""暴君""千古忍

----

① 《资治通鉴》卷204垂拱四年。

人"的,总是那些反动儒生和盲从者。

6. 十五年间大权在握的女皇帝

(1)女皇帝是怎样出现的?

唐朝以长安为首都,同时还有陪都,以太原(晋阳)为北都,以洛阳为东都。

东都洛阳也有一些宫殿,又是"天下"之中心。武则天自从把自己的丈夫高宗葬在长安北边的乾陵之后,觉得政治上西京(长安)已不如东都,就几乎一直住在洛阳。

前几年,她把东都改称神都,似乎不是单纯讲好听、慕虚荣的意思。

690年(武则天六十八岁),这是武太后执政的第七个年头。阴历九月初,西京东都之间,忽然出现了新的情况——"关中百姓九百余人"成群结队徒步向东都进发,为首的是侍御史傅游艺。他们过了潼关、函谷关,到了洛阳,就给武太后上表,请武则天登基当皇帝,改唐朝为周朝!虽"太后不许",却升了傅游艺的官。

这消息,这怪事,不两天,就在洛阳卷起了极大的政治风暴——"于是百官及帝室宗戚、远近百姓、四夷酋长、和尚道士,合六万余人",出来请愿上表,请求武太后当皇帝!

这是《资治通鉴》卷204的记载。《资治通鉴》的作者,编写态度是十分谨严的。在隋唐史方面,他们看到了我们今天已经无法看到的很多第一手材料,仔细加以比较研究之后,才字斟句酌落笔写书,所以,《资治通鉴》的记载是比较可靠的。但是,在一千二百多年前,在那样封建、那样专制的中国,能够出现这样大规模的、六万余人的、自发的群众民主运动吗?我最初就不敢完全相信。

可是,后来查到《陈子昂集》卷7,看到了陈子昂写的《上大周受命颂表》和《大周受命颂四章并序》,就不能不令人相信、惊奇了。的确有百姓请愿这回事,而且规模达到六万余人!因为陈子昂是当时东都的一个小官,他是亲眼看见并参加了这一请愿运动的。他是写实主义的文学家,在我国文学史上,有很重要的地位,是韩愈、柳宗元等新文学运动的先驱旗手。

陈子昂的序文中说,这年九月初八,洛阳群众、外族人、外国人、和尚道士等一万二千余人,"云趋"皇宫,请武太后当皇帝,但太后"谦而未许"。第二天(初九重阳节),这些人继续请愿,还加上了文武百官及其他,总共"五万余人,守阙固请"。这回,他们守在皇宫前面不走了,以表示决心。他们的表上说:"天意如此,人诚如此,陛下何可辞之!"

在中国,皇帝二字,就意味着男人,早就排除了女性的影子。女人当皇帝,这真是破天荒的大事、奇事呀!能不能行呢?精明能干如武则天也不能不觉得为难吧?

然而,武则天毕竟具有聪明果断的特长,又有将近四十年的政治实践,更重要的是她在政治路线上能够体现"治世不一道，便国不法古"（商鞅话）、"不期修古，不法常可"（韩非话）精神。也就是有"自我作古"的敢干、革新的精神。

武则天终于破天荒答应了干这破天荒的大事！

过了两天，武则天登上神都的则天门门楼上，对中外宣布：她当皇帝，改唐为周，改元"天授"。群臣上尊号称"大周圣神皇帝"！以睿宗（李旦）为皇太子，赐姓武。

中国封建史上唯一的女皇帝就这样出现了。

这是令人觉得新鲜、觉得奇怪的事，不过，如果从问题的本质上看，从事件的发展过程上看的话，就会知道：当年"二圣"中的武皇后，就已经是事实上的皇帝；这六七年间的皇太后，更是难打折扣的皇帝。所以这次"循名责实"，也就水到渠成，十分顺利。

但是，此时此地，女人武则天要做皇帝的话，思想上、理论上，也必须有根据不可。那么，她在理论上有什么根据呢？在儒家的《五经》里，在孔孟之道上，当然找不到理论根据。

但是，她首先在法家理论中，找到了根据——"便国不法古"，可以革新、革命。

其次，她在佛教理论中找到了女人做国王的根据。因为佛教里面有"化身""化佛"、女王执政的说法。前不久，法明和尚等就编撰了一部《大云经》，说武则天是弥勒佛化身，应当作人世之主。

再次，她在道教中也找到了根据。《大云经》和《大云经疏》都说北魏道士寇谦之说过："火德王，王在止戈。""止戈"就是"武"字。又说："武兴圣教，国之大珍。"

实际是中小地主势力拥护她为皇后，拥护她为女皇。但这是武则天不能理解的。

十月，宣布改文水县为武兴县，文水县百姓永免赋税和徭役。

女皇登位后就派出十名大官，分别"巡抚十道"。当时全国分为十道，除了这种巡抚使之外，她还派出过采访使、黜陟使等，检查全国。

武则天说，她当皇帝是"开革命之阶，启维新之运"。她是富有革新前进的精神的。她马上派出钦差大臣"巡抚十道"，就是要加强"法治"主义路线，检查全国地方政治，实行针对治绩优劣的奖惩制度，并提拔才能出众的官吏与地方人才。

这对于加强中央集权，巩固国家的安定，都是必要而有效的措施，也是对国家负责精神的表现。

同时，她还提倡尚武精神，加强军事力量。让近卫军高级将领也比赛射箭，并拿出"金宝"来奖赏优胜者。以前她就很重视军事建设，比如她曾在并州及许、郑郊外练兵，并检阅军队。她本人就会骑马射箭。

西北方的西突厥可汗因为受不了东突厥可汗的攻打，此时率余众六七万人入居内地，被封为竭忠事主可汗。这是表示对中央政府的信赖与拥护，和武则天当女皇有关。

此年,日本的女皇(持统天皇)登位。此外,世界上没有更大的事了。

(二)放手用人,不嫌低贱

前几年,武则天经历了徐敬业等的武装叛乱之后,更加注意缓和矛盾。比如:大赦;号召百姓及百官如有才能,就可以自荐或荐人。又下令:东朝堂的登闻鼓、西朝堂的肺石,不再派人看守,不论谁来,都可以击鼓或立石,表示自己有意见要向政府申说。这时又叫人设计制出一个四面的铜箱,每一面上边都有投信函的口,接受四大类的意见书:东面叫"延恩",接受颂赋及求官自荐等信函;南面叫"招谏",接受批评政府的信件;西面叫"伸冤";北面叫"通玄",接受谈军机秘计及天象灾变的函件。

唐朝宫城南面的正门,叫作则天门(略似清朝的天安门)。则天门内,有东西朝堂,朝堂外面,原来就有肺石和登闻鼓,现在又加放一个四面铜箱。

武则天想积极广开言路,招揽人才,打通上下蔽塞,革新政治的意思是很明显的。

女皇一登位,(九月)就向全国派出十道巡抚使。年底,他们先后回京,报告了各地的情况,引荐了不少人。

明年正月,女皇就开创了一个政治制度,叫试用制度。就是让那些引荐上来的人,都按经历、能力等等,先试做某个官职,试验及格了,再当正式的官。

唐朝做官,原有两条路子:一、贵族们靠世袭、特权、后门做官;二、地主阶级知识分子(绝大部分是儒生)靠通过国家考试(科举考试)钻进官僚集团。

唐朝规定"工商"和"杂类"是不许参加国家考试、不许做官的。现在,女皇却大胆打破这个古老规定,开辟了第三条大路:试用制度。这一政策特别便利了工商杂类参加政治,过问国家大事。这是有进步性的新措施。

这种出身低贱的新的试用官,上至凤阁舍人、给事中,下至侍御史、员外郎、补阙、拾遗、校书郎都有,而且数量不小。顽固保守派看不惯,就编出顺口溜,大说风凉话:

补缺连车载,拾遗平斗量。
耙推侍御史,椀脱校书郎。

有个科举出身的儒生又恶毒地添上两句来攻击女皇和巡抚使,说:

糊心存抚使,眂目圣神皇!

左肃政台御史纪先知查实了这两句是儒生沈全交添的,就逮捕了他,劾以"诽谤朝政"的罪名,并向女皇建议:先在朝堂,当着百官之面,打他几百板子,然后送司法衙门惩办。

看来,这场文字狱肯定构成了。

没想到女皇笑了笑,竟说:只要你们百官严肃守法,哪怕人家胡说八道! 放了他吧。《唐纪》曰:"太后笑曰:但使卿等不滥,何恤人言?"李贽读到此处,批十字曰:"胜高宗十倍、中宗万倍矣!"①

此时"官爵易得而法网严峻,故人竞为趋进而多陷刑戮"。

因为,人多了就难免出问题,而且有的人也会变质。比如,属于"杂类"的怀义和尚是有点神经质的建筑专家。唐高祖的女儿千金公主把他介绍给武则天,后来就到宫里修建过一些房屋②。

唐高祖、唐太宗都想在首都建个"明堂",也就是政事堂。可是,一大群儒生,几十年间,讨论来,讨论去,总讨论不出一个名堂(画不出蓝图)来。

武则天就甩开那些"孔圣人"的徒子徒孙,而用她的御用智囊班子——当时人们称为"北门学士"的各种人物,果然把"明堂"图样设计出来了,就命令怀义负责建造。

一座空前未有的上下三层、高二百九十四尺、宽三百尺的"明堂",终于建造起来了,明堂北面又造一个五层高的"天堂",堂中塑起大佛像。

女皇武则天非常高兴,就破格奖赏:封怀义和尚为左威卫大将军、梁国公。

怀义和尚又会武术和兵法,他还有一帮学武术的徒弟。因北面的突厥可汗骨笃禄来骚扰,女皇就封怀义和尚为新平道行军大总管,带二十万人马反击突厥。后又封为右卫大将军,赐爵鄂国公。还担任过朔方道行军大总管。

怀义和尚得到宠信,就倚势横行,路上如果遇见道士就要打人家一顿,而且硬把道士的头发剃掉。他的徒弟们也常在街上闹事打人。

怀义对人,态度傲慢,举动粗暴,连挂了宰相头衔的女皇的两位侄儿都怕他,见了他也得低三下四。

一次,怀义和尚从宫里出来。经过南衙门,正碰上老宰相苏良嗣进来上班。怀义不行礼,昂首而过。老宰相大怒,喝令左右:"抓过来!"就打了他好几个嘴巴。这回野和尚却乖乖地挨打,不敢还手。明天,他到女皇跟前告状。女皇说:"师父! 你错了。南衙是宰相办公之地,你应该走北门出去。"女皇也没有责备苏良嗣。这时是告密陷害、打击报复盛行的时候(酷吏横行时期),但苏良嗣并没有遭到报复陷害,日后在家

① 《藏书》卷63。
② 此年为685年,则天六十三岁。

病终。

后来,有人告发怀义和尚主持的洛阳白马寺,所收精壮徒弟(力士)已满千人,恐有异谋。肃政台传讯怀义,女皇就命令怀义去受审。但这和尚到了肃政台不一会儿,就"跃马而去"了。司法官要求再传他,女皇说这和尚有疯病,算了吧。把他的徒弟们遣散就是了。

695年,因"明堂"失火,有的人指责怀义。和尚就"心不自安,言多不顺"。武则天便召他入宫,"密选宫人有力者百余人"自卫,捕怀义"于瑶光殿前树下,使建昌王武攸宁帅壮士殴杀之"①。

另一方面,武则天在不论出身放手用人、奖功罚罪的正确路线之下,用了很多好人、能人。

她执政的五十年间,共用宰相七十八人,最后的十五年间,被贬斥的宰相较多,有二十七人。大臣著名的如:刘仁轨、李勣、狄仁杰、娄师德、裴行俭、唐休璟、徐有功、李日知等等,都是有功国家的正派能臣。她的孙儿唐玄宗的"开元盛世"的名宰相——姚崇、宋璟,就是她选拔的。封建史上盛称的名宰相就是:贞观房杜,开元姚宋(即房玄龄、杜如晦、姚崇、宋璟)。

《资治通鉴》的作者,根据儒家的男性中心观点、李唐正统观点,反对女皇武则天,在史书上多处污蔑她,不承认她是女皇帝,一直称她"太后"。但是,在执政及用人方面,他们到底不得不承认:"太后虽滥以禄位收天下人心,然不称职者,寻亦黜之,或加刑诛,挟刑赏之柄以驾御天下,政由己出,明察善断,故当时英贤亦竞为之用。"②唐人陆贽也说:武则天"进用不疑,访求无倦","当代谓知人之明,累朝赖多士之用"。

(3)酷吏横行与反酷吏斗争

为了巩固政权,提高警惕,加强"法治",这是正确的。但武则天作太后时,那些乘机利用职权贪图私利的坏人也有。比如:"胡人索元礼知太后意,因告密召见,擢为游击将军,令按制狱。元礼性残忍,推一人必令引数十百人。太后数召见赏赐,以张其权。""太后得告密者,辄令元礼等推之。竞为讯囚酷法,作大枷,有'定百脉''突地吼''死猪愁''求破家'……等名号。或以椽关手足而转之,谓之'凤凰晒翅';……或使跪捧枷,累甓其上,谓之'仙人献果'……至有脑裂髓出者。每得囚,就先陈其械具以示之,皆战栗流汗,望风自诬"③。

周兴累升到刑部侍郎,和来俊臣"相与私蓄无赖数百人,专以告密为事。欲陷一

---

① 《资治通鉴》卷205 天册万岁元年。
② 《资治通鉴》卷205。
③ 《资治通鉴》卷203 垂拱二年。

人，辄令数处俱告，事状如一"。

这三个酷吏"竞为暴刻"，周兴、索元礼"所杀各数千人"，其中有不少是无辜的百姓。

这时，也有刚直公正、不怕特务的法官敢和这伙酷吏当面斗争。比如，一次索元礼想通过司法机关公开杀一"犯人"，但司刑丞李日知认为这人没有死罪，不能杀。来回争辩三四次，最后，索元礼说："元礼不离开这个司法衙门，此囚终无生理！"李日知则说："日知不离开这个司法衙门，此囚终无死法！"两人的判决书，一齐送给武则天之后，批示下来，李日知胜利了。

又如法官徐有功，在蒲州做司法官时，就以"平恕"出名。后来升到东都的司刑丞。"酷吏所诬构者，有功皆为直之，前后所活数十百家"。后来，周兴诬告徐有功故意轻放谋反之囚，徐有功罪当斩。"太后虽不许，亦免有功官。然太后雅重有功，久之，复起为侍御史。……远近闻者相贺"①。

酷吏来俊臣拼命打击宋璟时，女皇保护过宋璟。

可见酷吏横行时，东都洛阳并不是完全黑暗。

丘神勣也是个酷吏，后来升到金吾大将军，因有罪，被杀。

有人告发周兴和丘神勣通谋作乱，武太后命令来俊臣去办这个案子。一天，来俊臣请周兴吃饭，席上，问周兴："囚犯多不肯认罪，当用何法？"周兴很得意，马上介绍自己的经验说："此甚易耳，取大瓮，四面烧起炭火，把囚犯放进去，有什么人不招！"来俊臣就命人取大瓮来，如法生火。火旺瓮热了，来俊臣站起来对周兴说："奉密旨审问老兄和丘神勣通谋之事，请君入瓮！"

后世因此流行了有名的成语"请君入瓮"。

周兴一听，"惶恐，即头，伏罪。法当死，太后原之。二月，流放周兴于岭南，在道，为仇家所杀"。

"索元礼残酷尤甚，太后亦杀之，以慰人望"②。

这是女皇登位第二年的事。

女皇虽明察果断杀了两大酷吏，可是，对于来俊臣的罪恶的认识，却晚了六年。

来俊臣请周兴"入瓮"后，更加跋扈专横。数月后，玉钤卫大将军张虔勖被诬入狱，由来俊臣审问。张虔勖却自请徐有功提审。来俊臣一听"怒，命卫士以刀乱斫杀之，枭首于市"。下一月，他又是这样专横野蛮，杀了岐州刺史云弘嗣。右卫将军李安

① 《资治通鉴》卷204天授元年。
② 《资治通鉴》卷204天授二年。

静下狱,来俊臣说他谋反。李安静曰:"我唐家老臣,须杀即杀,若问谋反,实无可对!"俊臣竟杀之。

来俊臣和万国俊共撰《罗织经》数千言,教其徒,网罗无辜,织成反状,害得许多人家破人亡。

692年春,来俊臣"罗告"①狄仁杰、任知古、魏元忠等七人谋反,皆下狱。来俊臣审问狄仁杰,狄仁杰用缓兵计和他周旋,说:"大周革命,万物维新,唐室旧臣,甘从诛戮。反是实!"他们看狄仁杰是等待行刑的日子了,就放松了监视。狄仁杰就撕下一块被头,悄悄写上冤状,藏在绵衣里面。家人来探监时,就让家人把绵衣拿回去。其子立即将冤状投入朝堂外的四面铜箱。女皇召见,问狄仁杰:"你为什么承认谋反?"对曰:"不承,则已死于拷打掠!"于是,女皇把狄仁杰等七个人都释放了。

这七人中的魏元忠和酷吏们打交道最多:曾四次被捕,一次被酷吏判处死刑——弃市。已经押到刑场,他旁边已经砍倒三十多具尸首了,他还是神色不变。这时,几个青年跑来大嚷:"朝廷赦免魏元忠了!"全场都骚动起来,魏元忠却照样坐着不动。有人叫他起来,他说:"还不知是真是假呢?"一会儿,武则天特派的宣赦使臣来到了,别人又催他起来,他说:"不用着急,等赦令宣布了。"赦令宣布后,他才慢慢起来,"舞蹈再拜",表示谢恩,"竟无忧喜之色"。魏元忠在特务们频繁迫害下,已锻炼成反特铁汉:早把冤死置之度外,只顾沉着慷慨地和酷吏斗争。

这次(692年春)七大官员一齐被诬谋反下狱后,魏元忠由另一酷吏侯思止审讯。魏元忠态度豪爽,慷慨说理。侯思止被驳得恼羞成怒,就命人把魏元忠按在地下,把他倒拖着走。魏元忠说:"这算得啥!好比我运气不好,从毛驴背上跌下来,脚还挂在镫上就是了。"侯更怒,继续倒拖。魏元忠大声说:"侯思止!你如果要老魏的头,你就切下去得了,何必搞这些花样逼我承认谋反!"

长寿二年(693)春,朝廷已禁止囤积锦缎,法官侯思止竟知法犯法,因此被人揭发,由监察御史李昭德审判,酷吏侯思止被"杖杀于朝堂"。

来俊臣继续运用他的《罗织经》讹诈、诬告,无所不为。高丽大臣泉盖苏文之孙泉献诚,此时在女皇近卫军里当左卫大将军,高级将领奉命比赛射箭时,他曾荣获第一名。来俊臣仗势向泉献诚勒索金银,泉献诚不答应,来俊臣就诬捕献诚,缢杀于狱中。

周兴、来俊臣之流的滥捕滥杀,并不是女皇"法治"的表现,而是坏人违法,乘机钻空子,胡作非为。

来俊臣多次罗织陷害,邀功贪赏,并强夺他人妻女。

---

① 罗告,即诬告。

西突厥可汗斛瑟罗归附后，住在东都。来俊臣知道可汗家里有一婢女善歌舞，想夺过来，就使人诬告可汗谋反，逮捕下狱。

来俊臣官不大（司仆少卿），贼胆却越来越大。他一面尽力蒙蔽武则天，一面阴谋搞政变，夺取天下。他看到女皇八十多岁了，早晚会有机可乘，于是计划先把有可能继承女皇的贵族搞掉。

来俊臣就先向女皇的太子（睿宗）开刀。他使人诬告睿宗要谋反，武则天就叫来俊臣审讯睿宗跟前的人，大家都说睿宗无谋反的事，他仍用毒刑逼供。一位乐器工人安金藏大声对来俊臣说："你既然不信我们的话，我就拿出赤心来证明太子没有谋反！"说罢，以刀剖腹，五脏皆出，流血满地。这下可惊动了武则天，立刻命令用车载入宫里，叫御医来治。御医给安金藏安好五脏，用桑皮线缝好肚皮，敷上了药。安金藏满腔义愤，拿性命来和酷吏斗争！

安金藏昏迷了一夜，第二天才清醒过来，武则天亲自来看他，并且感慨不尽地对他表示了自责和歉意。她说："是我自己的儿子，却不能相信，致使你这样……。"①

看来，武则天有点觉悟了。

武则天亲生四男一女，太平公主最小。

太平公主长得方额广头，不但相貌像武则天，聪明行事也像母亲，比她的四个哥哥都强。早年先嫁薛绍，薛绍后受一个大案件牵连，被武则天处死。后嫁武攸暨。此时太平公主和上官婉儿均是女皇跟前的得力助手。

来俊臣没有搞掉睿宗，但也没有受到处分，就进一步想搞掉太平公主了。他正策划"罗告"太平公主和武氏诸王要搞政变，想一网打到许多大鱼的时候，被河东人卫遂忠告发了。

太平公主却不是睿宗那样懦弱的人，她一发觉来俊臣的阴谋，就马上组织火力猛烈反攻，先发制人，逮捕了来俊臣及其一伙，经法官们审实，他们罪大恶极，非杀不可。

女皇在这几十年，杀过许多文武大臣及酷吏，都没有发表过诏书。此次，却发一道诏书，宣布来俊臣的罪恶。原来是想表示自己对酷吏横行霸道已有认识，知过则改，愿意结束酷吏政治了。

女皇诏书②说：

> 来俊臣闾巷小人，奸险有素……作威作福，无礼无义。剥夺甚崔蒲之盗，赃

---

① 《资治通鉴》卷 205 长寿二年。
② 诏书见《全唐文》卷 95。

贿逾丘山之积。诸王等磐石宗枝,必期毁败;南北衙文武将相,咸将倾危。冀得窃弄机权,方拟潜为悖逆,无君之心已著,不臣之迹显然。天下侧目,含灵切齿!擢其发不足以数罪,粉其骨不足以塞怨。弃市之刑,严酷未极;污宫之辟,舆议所归。宜加赤族之诛,以雪苍生之愤!

这诏书,使和酷吏斗争的人们增强了信心与力量,使大小酷吏胆战心寒,感到末日已到。

697年四月,来俊臣弃市于东都。"仇家争啖俊臣之肉,顷刻而尽,抉眼剥面,破腹出心,腾踏成泥",这说明"苍生之恨"已到极点。武则天最后还是做对了。

李昭德杖杀侯思止后,来俊臣捕昭德下狱,给他加了许多罪名,武则天这天竟宣布把李昭德同时弃市("弃市"是古代刑名,即在大街上斩首陈尸示众),"时人无不痛昭德"!认为武则天老得糊涂了。

西突厥可汗被来俊臣抓进牢里之后,边境少数民族的官民和外国人,到皇宫"割耳劐面"(一种表示真诚的风俗),替可汗喊冤的达"数千人"。正好来俊臣弃市,可汗也就被释放了。

武则天对姚元崇说,过去酷吏横行,不完全是她的责任,而是"宰相皆顺承其事,陷朕为淫刑之主"①。

酷吏横行了七八年,对其危害性,此时七十五岁的武则天毕竟加深了认识,有心结束酷吏政治了。

来俊臣一弃市、一抄家,洛阳"士民皆相贺于路曰:'自今,眠者背始帖席矣。'"

然而这不是说从此就没有政变阴谋,没有政治斗争了。而且此外还有酷吏,比如:万国俊、刘光业等至岭南,杀流放者数千人。武懿宗杀"海内名士"三十六人,并牵连其家属共千余人。女皇还让这些刽子手活着。

武则天知道,她不杀人,有人就要杀她,政权斗争本来就是残酷的。

(4)反二张的斗争与女皇退位

酷吏政治基本结束之后的七八年,也是武则天的最后七八年,国内形势没有多大波动,好像"太平盛世"仍在向前发展。北边少数民族政权的首领,有来骚扰的,也有归附的,无大问题。

内地没有农民大起义,没有武装大起义,没有武装叛乱。可是,东都城内,统治阶级内部,朝廷里边,却很不平静,新的两派正在展开斗争。

---

① 《旧唐书·姚崇传》。

懿德太子与永泰公主的牺牲。

女皇武则天总的来说一生"明察善断",但有一件大事,多年来难以决断。那就是自己死后,这个宝座传给武家子孙呢? 还是传给李家子孙? 但这又是不能不早下决心、早作准备的大事。

早年,李昭德等大臣说过,必须传给李家子孙。狄仁杰被女皇召回东都当宰相后,又给女皇摆明道理,促使女皇下了决心。698 年春,女皇把下放在房州(今湖北房县)的庐陵王(中宗)召回东都。九月,正式宣布以中宗为皇太子。因此,中宗的儿子李重润(死后追封为懿德太子)、女儿永泰公主及其驸马武延基,也都回到东都,恢复了应有的贵族地位与称号。

696 年冬天,太平公主介绍张易之、张昌宗兄弟二人侍奉女皇,因为他们会音乐,会炼丹药,七十四岁的女皇需要这种宫廷小臣是不足为奇的。传说中的怀义和尚与二张是则天的"男宠",实是诬蔑。

武则天的娘家侄孙们攀龙附凤成了武家贵族,自然可以常到皇宫里去。他们很快就和二张熟识了,意气相投,在一块儿玩乐,总称张易之为五郎、张昌宗为六郎。武则天一直控制着"外戚",不让他们过分得势,但是此时却形成了宠臣和外戚相结合的宫廷势力。

二张的其他兄弟也因此在外面做上了官。他们往往作威作福,欺压善良,名声很坏。

他们渐渐形成一个二张集团,很引人注目。

刚来东都不久的懿德太子、永泰公主和驸马,都是二十岁左右的青年贵族,但在东都贵族社会中,难免受到轻蔑。他们对二张作威作福,盛气凌人,感到十分气愤,因此计划搞一次事变,把二张除掉。然而年轻气浮,缺乏政治经验,被祖母女皇发觉了,结果被"杖杀"。一说女皇命令中宗去审问,中宗逼他们自杀了[①]。

他们在反对二张集团的斗争中,是早期的牺牲者。这不是因为他们说二张"何得恣入禁中",而是因为他们搞的是政治斗争。

与此同时,许多正派大臣都对二张的存在与地位感到不满,感到忧虑。因为女皇一年比一年老了,害怕二张集团(或张武集团)近水楼台先得月,利用常在宫中的有利条件,突然搞一场夺权政变。

此时,大臣魏元忠和宋璟,是反对二张斗争的急先锋。

魏元忠,太学生出身,富有革新精神,曾从江融学兵法,有很高的军事素养。讨平

---

① 见懿德太子墓《发掘简报》,《文物杂志》1972 年第 7 号。

徐敬业叛乱时,他的谋略见了功效。后来,被周兴、来俊臣、侯思止等酷吏陷害,逮捕、拷掠、判死刑、流放,达三四次之多。

武则天晚年在宰相群中,用了不少正派能臣,如狄仁杰、魏元忠等。

魏元忠后由并州长史(驻今太原市晋源)升任肃政台御史大夫、宰相。一次,诸张请女皇派张易之的弟弟张昌期做雍州(在长安附近)长史。女皇提名,征求宰相们的意见。有人阿谀说:"陛下得人矣。"魏元忠却表示反对,他说:"张昌期年轻不知政事,在岐州刺史任内,压榨百姓,因此户口大量逃亡,所以绝不能叫他做雍州长史。"结果,女皇取消此事。魏元忠又曾对女皇力言二张是小人,不可信任。他最后慷慨激昂地说:"臣自先帝以来,蒙被恩渥,今承乏宰相,不能尽忠死节,使小人在侧,臣之罪也!"①

魏元忠浑身洋溢着忠臣的精神——精忠正直,爱君爱国,有不怕抓、不怕死的精神。他还要迎接激烈的斗争。

此时,二张"兄弟贵盛,势倾朝野"。他们恨魏元忠入骨,不久,诬告魏元忠私下对人说"皇上老了,没有奔头了,不如扶持太子(中宗)上台",女皇一怒之下逮捕元忠下狱。真是伴君如伴虎! 不过,这对魏元忠来说,已成家常便饭了。张昌宗还施用一条诡计,就是对大臣张说威逼利诱,硬要张说出来作证,说曾听魏元忠说过此话。第二天,女皇命令众宰臣及中宗、睿宗会审魏元忠于内殿。魏元忠慷慨不屈,辩说并无此话。张昌宗就说:张说可以作证。女皇立刻命令召张说进宫。张说的友人张廷珪、刘知幾、宋璟等,都来激励张说。比如,宋璟说:不可党邪陷正,以求苟免。若获罪流放,其荣多矣! 若事有不测,璟当叩阁力争,与子同死! 努力为之! 万代瞻仰,在此举也②!

张说一进宫,女皇就问他是否听见过魏元忠说此话? 张说没有马上回答。张昌宗就趾高气扬地威逼张说道:"快说! 快说!"

张说这才慢慢地对女皇说:"陛下视之! 在陛下前犹逼臣如此,况在外乎! 臣今对广朝,不敢不以实对:臣实不闻元忠有此言,但昌宗逼臣使诬证之耳。"女皇不但不信,反听二张之言,把张说投进监牢。一连会审几天,张说坚不改口。许多正派大臣都抗疏给张说申冤。最后,女皇仍受二张蒙蔽。贬魏元忠为广东高要县尉,流放张说于岭南。这是则天晚年糊涂的一例。

有一次,宫廷里的娱乐性宴会上,张易之引进四川富商宋霸子,和他们一起赌博。宰相韦安石看见,就跪奏女皇说:"商人是贱类,不能入仕途,也不能到殿上来。"就命

---

① 《资治通鉴》卷207长安三年。
② 参见两《唐书·宋璟传》。

人把宋霸子带出去。女皇称赞了他,却引起了二张的仇恨。宴罢出来,有人说:"韦公真宰相!"

有个平民告发张昌宗请术士郭弘泰看相,郭说张昌宗有天子之相,张昌宗就野心勃勃地活动开了。此时,大街上出现了标语:"张易之兄弟谋反!"女皇命令宋璟等人审查此事。宋璟说:"张昌宗找人看相,意欲何为? 包藏祸心,已极明显,法当处斩、破家。"但是,女皇认为张昌宗早已将此事向她坦白过,就不予处分,并且几次要调宋璟到外地去做官,宋璟却坚决抗命不走。司刑少卿桓彦范和崔玄暐,也是屡次请求治张宗昌死罪(张想搞政变做皇帝之罪)。

宋璟又利用自己的肃政台御史中丞的职权,对张昌宗发出逮捕令。且面对女皇说:"若昌宗不服大刑,安用国法?"又声色俱厉地说:"昌宗分外承恩,臣知言出祸从。然义激于心,虽死不恨!"这时,宰相杨再思在场,他怕宋璟太过分了,得罪送命,便说:"皇上叫你出去呢!"但是,宋璟说:"圣主在此,不烦宰相擅宣敕命!"宋璟丝毫不顾个人安危,只想伸张正义。

女皇不得已叫张昌宗到肃政台去受审问。宋璟审问张昌宗刚开始,女皇就运用她的特权,下令特赦张昌宗,派人去召回。宋璟拍着案桌说:"不先击小子脑裂,负此恨矣!"女皇叫二张去宋璟家谢罪,宋璟拒绝,不接见。这是704年的事。

在二张攻击中,女皇保护了司法大臣宋璟,但另一方面仍然庇护着二张。

张柬之集团的政治活动。

正派大臣们和二张集团的斗争越来越尖锐了。704年冬天,女皇长期卧病,"宰相不得见者累月"。705年正月,女皇仍病,仍不见有传位皇太子(中宗)的迹象。人们议论纷纷:谁将继承大位,是中宗吗? 是张昌宗吗? 还是武家贵族?

这时,狄仁杰已死。将死时,因为女皇晚年非常信任、倚重狄仁杰,就要求他介绍一位真有宰相才干的人物。他介绍了张柬之。女皇试用后,破格提升为宰相。

新宰相上任已经三个月了,他面临着女皇年老重病(八十三岁了),新的皇位到底归谁的重大问题。虽然法律上已定中宗为继承人,但二张集团或张武集团有夺取皇位的可能和阴谋活动。

狄仁杰深谋远虑,死前推荐了张柬之为宰相,还引荐了七八个大臣,形成一个保唐集团,所以张柬之集团,实际就是狄仁杰集团。

张柬之遵照狄仁杰的路线方针,在魏元忠与宋璟剑拔弩张的面对面斗争之外,不动声色、悄悄地进行组织政变的准备活动,他们在船上开会定计。在狄仁杰政变方针里面,最重要的一点是重视军事力量,掌握兵权。张柬之的具体实践是:说服了保卫皇宫的右羽林卫大将军李多祚,又把心腹干将杨元琰等四人派为左右羽林军的将军

(通过女皇派的)。

女皇退位与病故。

705年正月二十二日,张柬之集团的政变准备就绪,就以扶中宗登位、惩处二张谋反的名义动员起来了。张柬之等率领左右羽林军五百余人,顺利地进入了皇城的北门(玄武门),即派李多祚带兵去东宫迎中宗。因事前不敢通知中宗,临时动员半天,中宗才肯出来。张柬之、李多祚就拥中宗上马,闯关前进,很快就来到了女皇居住的迎仙宫的廊下,轻而易举地斩了二张。然后进入女皇卧病的寝殿。

女皇已经知道发生事变了,惊起问曰:"乱者谁耶?"张柬之带头跪下,对曰:"张易之、张昌宗谋反,臣等奉太子命诛之。恐有泄漏,故不敢以闻。称兵宫禁,罪当万死!"武则天气得又躺下了。此日,把张家弟兄全都杀了示众,次要党羽则关进监狱。宣告政变成功。

明日,女皇下诏,由太子(中宗)监国。

又明日,女皇宣布传位给太子。二十五日,中宗登位。二十六日,女皇让出正殿,迁入上阳宫。二十七日,中宗率领百官到上阳宫,给她上尊号曰"则天大圣皇帝"(她原叫武曌,从此"则天"二字开始和她有了关系)。虽然仍称她为皇帝,但武则天五十年的政治生命,到此结束了。

二月初四,唐中宗宣布恢复国号为唐,改神都仍为东都,改北都仍为并州。

7. **武则天在历史上的作用**

应该怎样评价一个历史人物呢?

应该按照马克思主义的立场、观点、方法,来评价一个历史人物对当时的人民大众和国家、民族,有好处?有坏处?好坏都有?又要比较其功过,是二八分?是三七分?

武则天掌握最高政权、发号施令五十年之久,对当时乃至其后几十年的百姓、国家、民族,有消极作用,也有积极作用。

(甲)消极作用

(一)对外用兵时,有时征发过度,伤害百姓。

(二)晚年,大肆修建宫殿、明堂、天堂,铸"天枢""九鼎",劳民伤财。

(三)几次纵容将领贪功,滥杀百姓。

(四)七八年间,任用酷吏,扰乱朝政,殃及无辜百姓[①]。

(乙)积极作用

[①] 请参看1951年9月22日《光明日报》拙稿。

(一)对外战争胜利,国土空前广大。

(1)为女皇时,在东北方面,进行了长期的战争,促进了邻邦的统一,有利于其国家、百姓的发展,有利于亚洲和平的保持。

(2)把汉朝视为域外的"西域"收入版图,在今中亚广大地区设置了州县,提高了国家威信。

(二)对国内少数民族政权的战争。

当时,北面的突厥,西南的吐蕃,都已有相当强大的政府,也有野心家、军阀,多次进攻唐朝,武则天运筹帷幄之中,原则上采取守势,调兵遣将挡住了进攻,很少打败仗,最后促使他们归附,对多民族国家的发展与统一,有积极作用。

(三)内政方面。

(1)打击了反武派,打击了旧贵族地主阶级,扶植了中小地主阶级,促进了中小地主经济的发展。也就是说,唐朝前期社会经济的发展,武则天有一定的贡献。

(2)促进了农业生产的发展。

执行了"耕战并行""重农轻商"的根本政策,"劝农桑,薄赋徭",并颁发农书《兆人本业记》,在边境上兴办军队屯田,奖励农业增产和人口增殖。五十年间,人口增加,物价低廉,上继"贞观之治",下开三十年间的"开元盛世"。

(3)发展了国家考试制度。

①创设殿试制度,使国家考试更加隆重。后世一千多年都采用殿试,以评定状元、榜眼、探花。

②创设武科考试,以选拔将帅。发扬了重视国家军事力量的精神,鼓励并选拔了唐朝的军事人才。以后直到清朝,都有"武举"。

③发展了进士科,奖励诗文,对唐诗唐文出现高峰及后世文学的发展,都有积极作用。律诗、绝句就是这时创造的,又用"文学之士"编成了世界上最大最早的一部百科全书《三教珠英》,全书共一千三百卷[①]。

(4)发展了国家用人制度。

①屡颁求贤诏,鼓励官民自荐及荐举人才。

②发展"制科"(不经考试,皇帝亲自选拔做官),以补充科举制度,多选贤才。

③创设"四面意见箱"制度,广泛征求意见,以加强求贤、纳谏,及上下通气,革新政治。

④农夫樵人都能求见皇上,申述意见。又有常设的接受民间诉状的机关。

---

① 参见《唐会要》卷36。

⑤开办"南选",选拔南方的中小地主阶级人才。

(5)促进了唐代文化的发展。

武则天执政的五十年间,在文化方面,至少出现了如下的六种新鲜事物:

①新诗(格律诗)的出现。

唐初以前,只有不讲平仄、不讲对句的"古风"(包括歌行杂体)。武则天和当时的诗人沈佺期、宋之问等,创造出一种新诗,即律诗与绝句,唐人称之为"近体诗"(相对古体诗即古风而言),离现在已经一千多年。今天,我们不宜再称为"近体诗",而应称之为"格律诗"了。

新诗的特点是:加强了音乐性与艺术性,有一定的格律;限定字数、句数,讲究平仄(音调),讲究对句(对仗)①。

这种新诗,是唐人所开创,是唐诗之精华。一千多年来,影响极大,至今仍有生命力,有很多人爱读爱写。

②对联的出现。

③新古文。

说到古文,大家知道有"唐宋八大家",其中有两家是唐代后期人,即被称为"文起八代之衰"的韩愈与柳宗元。

其实,比韩、柳早一百多年的武则天时期,已开始出现刚健有力的新式古文。其代表人物有:富嘉谟、吴少微、陈子昂。

④新小说(唐代传奇)。

我国早在秦汉之际已有小说之名,所谓"九流十家",最末就是小说家。《汉书·艺文志》曰:"小说家者流,盖出于稗官。街谈巷语、道听途说者之所造也。"

但是,唐朝以前的所谓的小说,都不成熟,都不够格,内容简单、粗糙。

到了武则天时期,才出现像样的成熟的小说,其代表作应推张文成(鷟)撰写的《游仙窟》。这是一篇摆脱六朝人志怪小说的局限性,而写人间现实生活的作品,也可以说是"遇美记"。

到了唐代后期,传奇小说就发展到了隆盛时期。

⑤我国第一部史学批评著作。

我国的历史著作,起源很早,数量很大,世界上没有一个国家可以相比。但是,从周代到唐初千多年间,我国没有一部专门的史学批评著作。

到了武则天时期,史学家刘知幾才写成《史通》,对《春秋》以下的史书,提出了怀

---

① 参看两《唐书》的《沈佺期传》及《宋之问传》。

疑与批评,发挥了前所未有的独特议论。

以后,中断很久,直到清朝,才有第二部著作,即章学诚的《文史通义》。章学诚很推崇刘知幾。

⑥世界上第一部国家药典。

武则天当执政皇后时,由政府编定了一部中医药书,叫《新修本草》。这是世界上第一部国家药典。

这比1542年欧洲纽伦堡政府颁发的药典早了八百八十三年①。

⑦世界上第一部大百科全书。

武则天时期,先编过几部小部头的辞书。后来,她命令学士们编成了多达一千卷的《文馆词林》。比欧洲最大最早的法国狄德罗编的百科全书早一千多年,所以说这是世界上第一部大百科全书。

现代,人才多、资料多、印刷方便,但要编成一部一千卷的百科全书,也很不容易,何况是成书要靠手抄的唐朝!

后来,武则天命学士们编成了一部一千二百一十二卷的《文思博要》。

最后,他们又在这些儒家辞书的基础上,编了佛教与道教的辞书,合为一部巨著,名曰《三教珠英》,多至一千三百卷,又目录十三卷。

由此可见,武则天执政的五十年间,不仅社会经济比以前发展,而且文化事业也空前发展。显然,这五十年间,上承"贞观之治",下启"开元盛世";然而,绝不是简单的过渡时期,更不是"马鞍形"的低潮时期,而是名实相符的"拱桥形"的高潮时期。武则天起了重要的促进作用。

(6)开创官吏试用制度。派巡抚使到全国各地考察政治,选拔人才,重视才干,不分贵贱,试用合格后,正式委任。

(7)完成了一套选官升官制度,叫作"铨注法",促进了官僚制度的发展。这种官僚制度比贵族特权制度进步。

(8)发挥了改革精神,有正确路线。

①革新的政治路线是:不法古,厚今薄古,打破常规,革新,前进。武则天敢于打破儒家"牝鸡司晨""三从四德"的千年常规礼制,热心政治,勤于理政,由皇后、皇太后而成女皇,前无古人,后无来者。

②正确的政治路线是:重视百姓利益、国家利益,力求中央集权,反对分封割据;力求国家统一,反对分裂内战。因此,武则天和关中贵族长孙无忌一伙斗争多年;又

① 请参看1959年5月25日《人民日报》的《谈我国历史上第一部药典》。

和儒家宰相、阴谋家裴炎斗争,和李家贵族斗争,和失意分子、野心家徐敬业一伙斗争;还和系列政变阴谋活动斗争,每次都获得了胜利。因此,表现出勇敢、果断、坚决、彻底的迎接斗争的战斗精神,从而维护了中央集权与国家的统一。

③正确的政治路线是:重法治,重理智,反情面,反"亲亲"。严格认真,铁面无私,以加强中央集权、政治清明为原则。武则天执政五十年,不许武家外戚擅权,做高官的不过两三个人。二张一时得宠,但位卑无权。把亲生儿子中宗从皇帝宝座上拉下来,且流放房州。对索元礼、周兴、来俊臣等的罪恶活动,她一旦清醒过来,就断然将其除掉。武则天设置左右肃政台,派出十道巡抚使,增强了中央司法权力,促进了政治清明,加强了中央集权,保证了国家统一。

④正确的用人路线是:用人唯贤,反对用人唯亲。依能授官,依功授赏。不论出身低贱,反对贵族特权。武则天既发展了科举制度(创殿试制度,重视进士科),又发展了"制科",即大开皇帝亲自选拔之门;又开创农夫、樵人、工商、杂类等自荐和引荐之路。其比重远远超过她任用私人。

⑤正确的军事路线是:提倡尚武精神,重视军事训练与培养将帅人才。耕战并行,兵精粮足。君主紧握最高指挥大权。武则天一生紧握军权,知人善任;开创武科考试,国富兵强,胜多败少,名将如林。

⑥正确的经济路线是:重农轻商,耕战并行。武则天重视发展农业,增殖人口。也曾提倡节俭,注意减轻租税和徭役。这五十年间,农业税没有加重,又不收商税、监税、铁税、酒税等,可见她执行了荀况的"强本而节用"的经济路线和严格的财政制度,使国库经常充裕。

8. 结语

综合看武则天的一生,主要是五十年间的政治生活,比较她的积极作用和消极作用之后,不难得出这样的结论:武则天在历史上是功大于过的。

列宁说过,评论一个历史人物,应该看他比以前的人多做了那些有益的事。我看武则天比她以前的所有皇后、皇太后,比以前的许多男性皇帝,确实做了更多、更好有益于百姓、国家、民族的事。

所以,可以这样说:武则天是我国古代少有的杰出政治家,是封建时代的地主阶级的杰出政治家,是地主阶级中少有的英明皇帝。"六宫粉黛无颜色,万国衣冠拜冕旒",武则天当之无愧!

附录二
武则天大事年表

隋大业十一年(615)

隋末农民大起义于大业六年首先爆发于今山西代县,迅速发展到全国各地,此年仍在高潮中。隋炀帝派唐公李渊为河东抚慰大使。此时,武士彟在晋阳任隋朝军府之队正。

隋大业十二年(616)

隋炀帝仍困居江都(今江苏扬州),派李渊为太原郡留守。武士彟为留守府司铠参军,与李渊、李世民关系日益密切。

隋大业十三年(617)

五月,李渊在晋阳起兵,武士彟积极参加,为行军司铠,随军西进。

十一月,李渊攻入长安,立杨侑为傀儡皇帝,自为大丞相。

隋大业十四年 唐武德元年(618)

三月,隋炀帝被杀于江都。

五月,李渊称帝,国号大唐。改隋太原郡为并州总管府。

此年正月,武士彟以唐朝开国功臣受赏,为光禄大夫。李渊称帝后改为工部尚书,但固辞不受,愿任禁卫军将军。

李密败于王世充,率部投唐。冬,被杀。徐世勣归唐,瓦岗军瓦解。

唐武德二年(619)

二月,唐定租庸调法,仍行均田制。续行府兵制,

七月,置十二军府于关中。

武德三年(620)

四月,李世民击灭刘武周,唐复占有山西。武士彟丧妻,得唐高祖关怀,在长安续娶杨氏为妻。

武德四年(621)

七月,开始发行开元通宝钱。钱,从此成为重量单位。

此年,唐军击灭窦建德、王世充、萧铣等割据政权,杜伏威主动降唐。封李世民为天策上将。

武德五年(622)

刘黑闼再起,又被唐军所灭。

岭南冯盎附唐。

武德六年(623) 1 岁

十一月,唐朝在并州屯田。平阳公主死。

此年,武则天作为武家次女,生于长安武将军府。

武德七年(624) 2 岁

此年,唐朝统一天下。设州、县、乡学校。颁新律令。推广均田制于全国。

武德八年(625) 3 岁

四月,唐朝与西突厥叶护可汗和亲。

此年,张柬之生。

武德九年(626) 4 岁

六月,"玄武门之变",秦王李世民夺取皇位。

八月,李世民登基。升武士彟为扬州大都督府长史。用太子李建成旧臣魏徵、王珪。设弘文馆。

贞观元年(627) 5 岁

正月,唐太宗诛利州都督李寿。

三月,分全国为十道(今山西省属河东道)。更定律令。关中、关东大旱。

十二月,诛利州都督李孝常。

贞观二年(628) 6 岁

唐太宗调武士彟为利州都督,武则天母女随至利州(今四川广元)。

四月,唐军击灭梁师都。契丹首领率部来附。

九月,放宫女三千人。唐高宗李治生。

贞观三年(629) 7 岁

高僧玄奘西行取经。

此年,全国各族归附人民及自边塞归来者一百二十余万人。

贞观四年（630）　8 岁

春，唐军击灭东突厥。北边各族君长称太宗为"天可汗"。

此年丰收，米一斗仅值三四文钱。

贞观五年（631）　9 岁

武则天在利州。

唐朝赎回在突厥沦为奴隶之汉人男女八万。新罗献美女，遣回。利州都督武士彟上表请封禅，不许。罗州、窦州獠人作乱，高州总管击破之（獠音老，泛指西南各少数民族）。

日本第一次"遣唐使"到长安。

静州獠人作乱，旋败。

唐太宗放死囚三百九十人归家，后如期回狱，皆赦之。

贞观六年（632）　10 岁

撤销利州都督府，调武士彟为荆州都督，武则天随往荆州。

此年，新罗之曼德女王继位。

贞观七年（633）　11 岁

五月至十二月，西南地区有少数民族武装反抗。

李淳风改造浑天黄道仪成。

贞观八年（634）　12 岁

唐太宗以李靖等为黜陟大使，分赴全国十道检查吏治。

建大明宫。

贞观九年（635）　13 岁

武士彟病死于荆州，享年五十九岁。唐太宗令并州都督李勣负责治丧，武则天随母扶柩回文水县，葬父毕，返回长安。

此年，唐高祖卒。徐有功生。

贞观十年（636）　14 岁

武则天应召入宫当"才人"。

长孙皇后死。

景教（基督教之一派）开始传入中国。

此年,黄河泛溢。

贞观十一年(637)　15 岁

武则天开始在皇宫提高诗文及骑马射箭。

房玄龄等制定新律令。

贞观十二年(638)　16 岁

此年,西南地区少数民族屡次反抗。重修《氏族志》。

贞观十三年(639)　17 岁

此年,唐朝共有三百五十八州,一千五百一十一个县。迫降巴州等地獠人,俘六千余口。

贞观十四年(640)　18 岁

十月,唐太宗以文成公主远嫁吐蕃松赞干布。

此年,国子监学生多至八千余人。破罗州等地獠人,俘七千余口。

贞观十五年(641)　19 岁

正月,文成公主到达拉萨。

此年,吐蕃、高丽、百济、新罗皆派子弟来长安国子监留学。

贞观十六年(642)　20 岁

敕括天下无籍之人。

唐以新兴公主许嫁薛延陀。

高丽大臣泉盖苏文弑国王,专政。

日本皇极女皇登位。

贞观十七年(643)　21 岁

三月,唐太宗派李勣统军讨平齐王李祐。

四月,太子(李承乾)谋反事发,废为庶人。以皇子李治(唐高宗)为太子。

九月,新罗因被百济及高丽侵犯,求援于唐。

此年,魏徵死。

贞观十八年(644)　22岁

唐太宗派李勣与张亮统军援新罗,先击高丽。

此年,李峤生。

贞观十九年(645)　23岁

二月,唐太宗亲征高丽,至辽东。

九月,班师。茂州羌人反,裴行俭大破之。

此年,唐僧玄奘西行取经十七年,归至长安。明年,写成《大唐西域记》。

日本发生"大化革新",皇极女皇让位于孝德天皇,改元大化,开始积极学习唐朝之先进制度及文化。

贞观二十年(646)　24岁

唐太宗派二十二名官员巡察四方。

派李勣击薛延陀。

贞观二十一年(647)　25岁

唐太宗派李勣及牛进达率军分路讨伐高丽。

设燕然都护府。

建翠微宫与玉华宫于长安。

此年,唐太宗以武则天赐与太子李治(据高宗之立后诏书)。

贞观二十二年(648)　26岁

四月,梁建方破松外蛮,内附者七十部、十余万口。设安西四镇。

八月,令剑南道等造船,预备伐高丽。

九月,雅州、邛州、眉州少数民族因苦于造船,群起反抗,太宗发兵击之。

此年,王勃生。房玄龄死。

贞观二十三年(649)　27岁

五月,唐太宗病死(五十一岁),高宗继位。武则天与部分宫女入长安感业寺为尼。

八月,河东地震,压死五千余人。

此年,著名军事学家李靖病死(七十九岁)。

永徽元年(650)　28 岁

唐高宗改元永徽,立王氏为皇后。

因临汾地震甚烈,唐高宗令群臣极言时政得失。

罢安西四镇。

松赞干布死,唐遣使往吊。

吐火罗使臣来朝。

永徽二年(651)　29 岁

唐高宗颁行律令格式。

西突厥贵族贺鲁反唐,发兵讨之。

大食国遣使来朝。

此年,姚崇生。置安西都护府。

永徽三年(652)　30 岁

武则天被唐高宗接入后宫,封昭仪。

冬,生子李弘。

弘化公主自吐谷浑来朝。

此年,因旱灾较重,唐高宗下令减重囚刑,宽宥徒刑以下。

永徽四年(653)　31 岁

二月,唐太宗高阳公主驸马房遗爱等谋反,事发皆死。

三月,颁《五经正义》于天下。

九月,睦州巫婆陈硕真反叛,伪装男子,称"文嘉皇帝"。

十月,陈硕真战败被俘,伏诛。

永徽五年(654)　32 岁

唐高宗封武则天为昭仪。

春,唐高宗追封武昭仪之父。

晋、陕大水,溺数千家。河南等地丰收,洛中粟一斗二文半,粳米一斗十一文。

雇四万一千人筑长安外城。

永徽六年(655)　33 岁

三月,武昭仪著《内训》一篇。

五月,唐高宗命程知节等讨贺鲁。

九月,贬逐反武派重臣褚遂良。

十月,唐高宗下诏废王皇后,立武昭仪为皇后,内外命妇入宫谒武皇后。朝皇后,自此始。

十一月,武皇后生次子李贤。

此年,高丽与百济侵占新罗州三城,新罗求援。唐出兵援新罗,得胜班师。

大食国使臣来朝。

显庆元年(656)　34 岁

正月,改元显庆,大赦,令天下大酺三日(饮酒奏乐),以庆祝立武则天为皇后。立武则天所生长子李弘为太子。

二月,追封武士彠为司徒、周国公。

九月,武皇后著《外戚诫》。

《梁书》《陈书》《周书》《齐书》《隋书》修成。

此年,唐军平定西突厥贺鲁等部。

显庆二年(657)　35 岁

闰正月,唐高宗、武后至洛阳。

十一月,观练兵于许、郑之郊。

十二月,宣布以洛阳为东都。

苏定方军擒贺鲁,唐以其地置两都督府。

许敬宗为相。

显庆三年(658)　36 岁

五月,徙安西都护府于龟兹,重设四镇。

六月,程名振、薛仁贵率军击败高丽。唐高宗、武后自东都还长安。

此年,世界上第一部百科全书《文馆词林》一千卷修成。

显庆四年(659)　37 岁

四月,于志宁、许圉师为相,贬逐反武派国舅长孙无忌。

六月,改《氏族志》为《姓氏录》,以武姓居一等。禁旧世族崔、卢、郑、王等姓仍互相结亲。

此年,世界上第一部国家药典《新修本草》编成。

日本遣使来朝。

贺知章生。

显庆五年(660) 38 岁

正月,唐高宗、武后离东都。

二月,唐高宗、武后至并州,赐宴,致祭。

三月,武皇后宴请文水县亲族、邻里、故旧于并州朝堂。唐高宗因并州乃皇后故乡,升并州都督府长史等勋级。观练兵于并州西郊。夫妇游汾阳宫。

因新罗又求援,派苏定方统军击百济。

四月,唐高宗、武后同返东都

八月,百济败降,设熊津都督府于百济。

龙朔元年(661) 39 岁

五月,命大将军契苾何力、苏定方等统军讨伐高丽,水陆共二十五个军。

六月,在吐火罗、罽宾、波斯等十六国故地,设置八个都督府、七十六个州、一百一十个县、一百二十六个军府。立战胜西突厥之纪功碑于吐火罗。

七月,苏定方军围平壤。

九月,契苾何力军大破高丽泉盖苏文军于鸭绿江上。

唐高宗、武后至河南一百零三岁长寿女张氏家,又访问功臣李勣故居。

许敬宗等修成《累璧》630 卷。

此年,陈子昂、刘知幾生。

龙朔二年(662) 40 岁

正月,立卑路斯为波斯王。

二月,改百官名称(670 年又复旧称)。令苏定方撤平壤围,班师。

三月,唐高宗、武后自东都至蒲州,四月还长安。

薛仁贵军进至天山,击败铁勒。

六月,令释、道两教礼敬父母。

七月,刘仁轨等挥军大破百济。

此年,武后生皇子李旦(睿宗)。

龙朔三年(663) 41 岁

二月,迁燕然都护府于回纥,改名瀚海都护府。

五月,柳州蛮吴君解造反。

八月,罢造船东征之役三十六处。

九月,刘仁轨等率水师大破来援百济倭军于朝鲜白江口,焚倭船四百艘。唐平百济。

十月,令太子弘学习政事(十岁)。

此年,编成《瑶山玉彩》五百卷。

宋璟生。

麟德元年(664) 42岁

百官尊称唐高宗、武后为"二圣"(圣皇、圣后)。

武则天生太平公主。

高僧玄奘圆寂。

大臣上官仪谋反,伏诛,其孙女上官婉儿生,收入宫中抚养教育。

麟德二年(665) 43岁

四月,观练兵于北邙山之阳。日本"遣唐使"来朝。

冬,唐高宗、武后赴泰山行封禅礼。

农业丰收,米一斗钱五文,豆类、大麦无人买卖。

乾封元年(666) 44岁

正月,唐高宗一行至泰山封禅。禅社首山时,唐高宗为首献,武后为亚献,越国太妃燕氏为终献。令齐州给复一年半,车驾经过之地皆免今年租庸调。"二圣"归时,至曲阜,封孔子为"太师";又至亳州,封老子为"太上玄元皇帝"。

四月,唐高宗、武后归至长安。

五月,高丽泉盖苏文死,长子泉明生为其弟泉建所逐,遣使入唐求援。

六月,派契苾何力等率军东征高丽。

七月,以刘仁轨为右相。

八月,诛司卫少卿武惟良。张嘉贞生。

十二月,加派李勣为东征大总管。

乾封二年(667) 45岁

唐军拔高丽数十城。张说生。

二月,在羌族地区所置州、县皆被吐蕃所陷。海南岛獠人反,陷琼州。

总章元年(668)　46岁

四月,彗星现,唐高宗避正殿,减膳,令内外百官上封事,极言皇帝过失。

九月,唐军破平壤,灭高丽。以高丽、百济为安东都护府,分置四十二州。命薛仁贵为首任安东都护,留兵二万人戍之。

阎立本为相。

总章二年(669)　47岁

五月,徙高丽人三万八千二百户于江淮以南及山南。

六月,永嘉等县海水泛滥(海啸),人畜田屋损失惨重。冀州大水,漂没居民数千家。剑南十九州旱。各遣使臣赈济。运太原仓米粟至京。

英国公李勣死(七十六岁)。

咸亨元年(670)　48岁

八月,吐蕃陷西域八州及四镇(龟兹、于阗、焉耆、疏勒),薛仁贵奉命率军击吐蕃,失利于大非川。

令各州、县修建孔庙及学馆。

九月,武则天之母杨氏死(九十二岁)。

此年,天下四十余州有虫害、霜害及旱灾,百姓饥,关中尤甚,运江南米赈济。武皇后因天灾自请避位。

咸亨二年(671)　49岁

正月,唐高宗、武后至东都,留皇太子在长安监国。

七月,高侃破高丽叛众于安市城。

十一月,唐高宗、武后至河南许、汝等州,并校猎于许州叶县。

此年,高僧义净西行取经。

咸亨三年(672)　50岁

正月,派梁积寿率军击姚州"叛蛮"。昆明"蛮"二万三千户归附。

四月,吐蕃贡使来朝,遣使报之。

八月,许敬宗死。

十一月,唐高宗、武后自东都还长安。

咸亨四年(673)　51岁

三月,令刘仁轨改修国史。

闰五月,李谨行大破高丽叛众。

七月,婺州大水,溺死五千人。

十月,著名画家、宰相阎立本死。

令皇太子李弘试理国事。冬,婚(二十二岁)。

西域疏勒等国王来朝。

上元元年(674)　52岁

二月,因新罗收纳高丽叛众并扩增武力,派刘仁轨等率军讨伐。

三月,武后祀蚕神,以示重视农桑。

八月,文武百官等称唐高宗为"天皇"、武后为"天后"。

九月,追复长孙无忌官爵。

十一月,天皇、天后校猎于华山,至东都。天后提出施政方针十二条,强调发展农业,减轻赋役。

十二月,波斯王卑路斯来朝。

上元二年(675)　53岁

二月,唐军大破新罗。新罗遣使入朝请罪,赦之。新罗复为唐之附属国。

三月,武后礼蚕神于洛阳附近之北邙山。唐高宗欲令武后出面正式总理国政,宰相郝处俊谏止之,武后仍居幕后执政。

四月,太子李弘病卒(二十四岁),追谥为"孝敬皇帝"。

六月,立皇子李贤为太子。

此年,武后用文学之士多人创立智囊团,出入宫城之北门,世称"北门学士",令学士参决奏疏,编撰《列女传》《乐书》《百僚新诫》等。许宫中宫女每年回家省亲一次。

王勃卒(二十八岁)。

朝鲜全境皆用唐历。

仪凤元年(676)　54岁

正月,纳州獠人反,发黔州兵击之。

二月,令安东都护府自平壤迁于辽东。

四月,吐蕃进攻鄯、廓、河、芳四州,令契苾何力等十二总管统兵抗击。

八月,青、齐等州大水,漂溺五千家,遣使赈恤。因星变,唐高宗、武后避殿、减膳,放京

177

城囚,令百官上封事,言得失。对桂、广、交、黔四府,行"南选法"取士。

九月,狄仁杰犯颜直谏,升为侍御史。

十二月,太子李贤上所注《后汉书》,赐织物三万段。派宰相来恒等为大使,巡抚河北、河南、江南等道。

仪凤二年(677) 55岁

正月,唐高宗举行躬耕耤田仪式于长安东郊。

四月,河南、河北旱,派使臣赈济。

五月,吐蕃扰扶州。

八月,皇子李显改名哲。

十二月,令关内及河东诸州招募勇士以讨吐蕃,又令两京三品以上官员各举文、武才能堪任将帅或牧守者一人。今冬两京无雪。

新罗势力及于全朝鲜。

仪凤三年(678) 56岁

正月元旦,文武百官及外国使臣朝天后。

四月,因天旱,天皇、天后避正殿。天后亲录囚,释囚。

七月,得雨,夏麦丰熟,秋稼滋荣。又得李敬荣表奏击败吐蕃于龙支,因宴近臣于东都。

九月,天皇、天后车驾还长安。

李敬玄与吐蕃战于青海,大败。黑齿常之力战,反败为胜。娄师德说服吐蕃,相安数年。

李邕(北海)生。

调露元年(679) 57岁

正月,车驾至东都。侍御史狄仁杰劾邪官,朝廷肃然。许圉师、戴至德死。

二月,吐蕃有国丧,遣使往吊。东都地区饥,官出糙米赈济。

六月,西突厥勾结吐蕃扰安西都护府边地。裴行俭奉命护送波斯新王归国。

七月,裴行俭返国时,擒西突厥可汗都支而归。

十月,东突厥扰边。

十一月,特升裴行俭为礼部尚书,兼右卫大将军,又命为定襄道大总管,与诸将统兵三十万以讨东突厥。王方翼筑碎叶城(在中亚)。

永隆元年(680)　58岁

正月,霍王李元轨率百官请捐一月俸料助军讨东突厥。天皇、天后游汝州温泉及嵩山。

三月,裴行俭军大破东突厥于黑山,擒其首领。

四月,黄门侍郎裴炎升为中书省侍郎。

七月,吐蕃扰河源,李敬玄失败,黑齿常之力战,大破吐蕃,升为经略大使。

八月,废太子贤,立皇子李哲为太子。

九月,河北、河南诸州大水。

十一月,洛州饥,官粜减价以救饥民。

此年,文成公主死。

开耀元年(681)　59岁

正月,突厥余部扰原、庆等州,命裴行俭讨之。禁雍州华服、厚葬。

二月,东突厥阿史那伏念叛,自称"可汗"。曹怀顺讨之于横水,大败,流怀顺于岭南。

五月,黑齿常之破吐蕃于良非川。

七月,太平公主下嫁薛绍,赦京城囚犯。

闰七月,裴炎升为侍中(宰相职)。裴行俭、程务挺大破突厥,逼伏念降,东突厥叛乱尽平。

新罗、吐火罗使臣来朝。

免征河北、河南水灾区地税一年,雍、岐、华、同等州免征地税两年。

永淳元年(682)　60岁

二月,破例立皇孙李重熙为太孙。

四月,天皇、天后赴东都时,减扈从,士兵及从者多饿倒于路。安西都护王方翼讨平西突厥叛乱于伊丽水及热海。

七月,建奉天宫于嵩山之阳。娄师德抗击吐蕃,八战八捷。

十二月,东突厥余部扰并州北部,杀岚州刺史,薛仁贵率军至,大破之,俘二万余人。

此年,关中旱灾、蝗灾、疾疫并起,死者相枕藉,人相食,

孙思邈约死(百岁以上)于此年。

弘道元年(683)　61岁

春,东突厥余部又反,命程务挺等击之。

四月,绥州稽胡白铁余聚众反,据平城,称帝,大肆攻掠。程务挺、王方翼击平之。

七月，唐高宗病渐笃，召太子赴东都，命皇太孙留守西京(长安)。

十二月，唐高宗死于东都(五十六岁)，太子李哲(中宗)继位。

此年，薛仁贵死(七十岁)。

嗣圣元年(文明元年 光宅元年 684) 62岁

二月，因中宗不肖，武则天废之为庐陵王，立皇子李旦为皇帝(睿宗)。武皇太后公开临朝执政。改东都为神都，改元文明，后又改元光宅。

七月，广州都督路元睿纵部下欺压外商，被昆仑人所杀。

八月，葬唐高宗于乾陵。

九月，徐敬业等反于扬州，十一月讨平之，杀附逆之宰相裴炎及大将军程务挺。

冬，立武家七庙于神都，建武家五代祖祠于文水。

十二月，派御史出巡诸道，以清吏治。

垂拱元年(685) 63岁

正月，因徐敬业之乱已平，大赦天下，改元垂拱。武则天亲制《垂拱格》(格，即办事条例)，颁布天下。

二月，设登闻鼓及肺石于朝堂，以通民情，以求谏言。

四月，东突厥扰代州，杀五千人。

五月，令内外百官九品以上及百姓有才能者皆可自荐。

七月，始以僧人薛怀义为白马寺寺主。

此年，刘仁轨死(八十四岁)。

垂拱二年(686) 64岁

正月，编成《兆人本业记》，颁发各道，提倡发展农业生产。

三月，置铜匦(意见箱)于朝堂，箱分四面，各有口，以纳建议、谏诤、自荐、军事之投书。

十二月，免并州百姓终身庸调。

此年，撤出四镇戍兵。

垂拱三年(687) 65岁

二月，突厥骨笃禄扰昌平，派黑齿常之击之。

七月，突厥扰朔州，黑齿常之大破之。交趾都护刘延祐苛征俚户，被起义军所杀。

十一月，取消御史监军制度。

此年，天下歉收，关中与关东尤甚。

孙过庭撰《书谱》。

垂拱四年(688)　66岁

二月,毁乾元殿,就其地新建明堂。山东、河南饥荒,命王及善、欧阳通、狄仁杰赴灾区巡抚赈济。

四月,武承嗣等伪造瑞石以献。

五月,群臣上武则天尊号曰"圣母神皇"。

七月,大赦,令天下大酺(欢宴)五日。

八月,博州刺史李冲反,七日而败。其父豫州刺史李贞继反,旋亦败。因此,武则天大杀通谋反武之李唐诸王。

冬,明堂成。

此年,鉴真和尚生。

永昌元年(载初元年　689)　67岁

正月,"圣母神皇"亲祀明堂,改元永昌,大赦,令天下大酺七日,以示庆祝。

二月,神皇追尊父为太皇,母为太后。

五月,命僧怀义率兵击突厥,至紫河,不见敌。派右相韦待价抗击吐蕃,韦迟留不进。

七月,右相韦待价兵败,流绣州。

闰九月,酷吏得势横行:前相魏元同被酷吏周兴罗织下狱,饿死。内外大臣被诬死及流贬者甚多。

十一月,改用"周正"(周朝历法),以十一月为正月,改元载初。宗楚客献所造新字"曌"(照)等十二个,令颁行天下。

此年,孟浩然生。

天授元年(690)　68岁

二月,神皇亲试举人于神都,殿试制度自此始。僧法明等编成《大云经》,谓武则天乃弥勒佛降生。

七月,以太平公主改嫁武攸暨。

九月,侍御史傅游艺等率关中百姓九百人至神都,上表请神皇改唐为周,不许。又有百官、百姓、和尚、道士、各方首领,共六万余人,上表请愿:改国号,称周帝。武则天终于易唐为周,改元天授,称"圣神皇帝"(皇帝生时有尊号,自武则天始)。免天下武姓赋役。令史务滋等十人巡抚十道。

十月,改文水县为武兴县,武兴百姓永免赋役。西突厥被东突厥所攻,继往绝可汗率众七万人入居内地,改号"竭忠事主可汗"。令娄师德以宰相兼管西北屯田事。

此年,日本持统女皇登位。

天授二年(691) 69岁

二月,流酷吏周兴,途中被仇家所杀。诛酷吏索元礼。

四月,升佛教于道教之上。

六月,命岑长倩率军讨吐蕃。

七月,迁关中七州人十万,以充实神都。

十月,令百官自荐。诛大将岑长倩及欧阳通。

如意元年(长寿元年 692) 70岁

正月,女皇引见诸巡抚使所荐之人才,即分别试用。试用制度自此始。

二月,吐蕃人、党项人万余来归附,安置于十州。

三月,五天竺国王皆遣使入贡。

四月,改年如意,大赦天下,禁屠宰。

七月,大雨,洛水泛溢,漂流居民五千余家,派使臣巡抚赈济慰问。

九月,女皇生两齿,改元长寿,大酺七日。于并州设置北都机构。

十月,王孝杰军大破吐蕃,收复碎叶、龟兹、于阗、疏勒四镇。重建安西都护府于龟兹。

此年,新罗王死,新王立,遣使册封。

长寿二年(693) 71岁

正月,女皇祀万象神宫(即明堂),女皇自制神宫乐章,用歌舞队九百人。令宰相撰《时政记》,送史馆,撰《时政记》从此成为制度。罢士人习《老子》,改习《臣轨》(女皇所撰)。

二月,酷吏乱杀岭南流人。裴匪躬因私谒皇嗣武旦(武旦即李旦),被腰斩于市。

九月,群臣加女皇尊号曰"金轮圣神皇帝"。大赦天下,大酺七日。

长寿三年(延载元年 694) 72岁

正月,东突厥骨笃禄死,其弟默啜自立为可汗,扰灵州。室韦反,李多祚击破之。

三月,王孝杰大破吐蕃及突厥各三万余人于冷泉及大岭。命僧怀义统兵讨默啜。

五月,群臣又加女皇尊号曰"慈氏越古金轮圣神皇帝",改元延载。

六月,永昌蛮二十余万户来附。

八月,各族、各国首领请铸天枢,征神都铜铁,不足,征及农器。

此年,摩尼教僧人从波斯携其经文来朝,摩尼教开始传入中国。

证圣元年(天册万岁元年　695)　73 岁

正月,天堂失火,延及明堂,皆烬,火照洛阳城中如白昼。女皇以明堂火灾告太庙,手诏责躬,令内外文武九品以上各上封事,极言正谏。改元证圣。仍令怀义督造明堂及天堂。

二月,去"慈氏越古"尊号。因怀义拥僧兵不法,杀之。

四月,天枢铸成,立于宫城端门外,高五百尺,名曰"大周万国颂德天枢"。又铸成十二生肖神像。

七月,吐蕃扰临洮,命王孝杰击之。

九月,又加尊号曰"天册金轮圣神皇帝",改元天册万岁。大赦,且赦免常赦所不及之十恶大罪等死罪。大酺九日。

十月,突厥默啜战败请降,封为"归国公"。

万岁登封元年(万岁通天元年　696)　74 岁

腊月,女皇封神岳嵩山,禅少室山,改元为万岁登封。天下普免租税一年,免洛州百姓赋役二年,以示国家富足。

三月,重建明堂落成。

四月,女皇亲祀明堂,又名"通天宫",改元万岁通天,大赦。因天下大旱,令百官极言时政得失。

五月,营州契丹李尽忠反,命二十八将讨之,不利。起用狄仁杰为魏州刺史,防御契丹。铸九鼎成,女皇亲作豫州大昌鼎歌。

万岁通天二年(神功元年　697)　75 岁

正月,太平公主引荐医生及音乐家张昌宗、张易之兄弟为宫廷小官。酷吏武懿宗诬陷朝臣三十余家,流放千余人。

三月,王孝杰击契丹,战败,死之。默啜求赐朔、代六州之突厥降户及谷、帛、铁器农具,皆许之。

四月,九鼎铸成,列置明堂前,共用铜五十六万零七百余斤。

六月,诛酷吏来俊臣,酷吏横行至此结束。契丹主李尽忠死,其孙继位,被唐军击败,为其部下所杀,契丹集团瓦解,余众陆续归附。

九月,因契丹叛乱已平,改元神功,大赦天下。

十月,始设员外官,达数千人。以娄师德、狄仁杰、杜景俭为相。

此年,郭子仪生。

圣历元年（698）　76岁

女皇终于采纳大臣狄仁杰等之意见，同意将来将皇位归还李家（夫家）。

三月，召庐陵王自房州回神都。

九月，宣布以庐陵王（李显）为太子。

八月，突厥默啜可汗攻扰河北诸地，大肆杀掠。

九月，命狄仁杰为副元帅统军进击，默啜闻之，大掠而遁。升姚元崇、李峤为相。

此年，大祚荣建渤海国。

圣历二年（699）　77岁

二月，新设控鹤府以安置近臣张易之、张昌宗，旋改名为"奉宸府"。女皇出游神岳嵩山，并谒升仙太子庙。女皇生重眉如八字，百官皆贺。

四月，吐蕃内讧，其大将赞婆等率所统吐谷浑七千帐来降。

七月，吐谷浑千四百帐来附。封故高丽王之孙高德武为安东都护。

久视元年（700）　78岁

正月，女皇游汝州温泉，建三阳宫于阳城县之石淙。

四月，女皇幸三阳宫，君臣唱和。

五月，女皇病愈，改元为久视，大赦，大酺五日。

夏，大旱，去"天册""金轮""圣神"等尊号。

六月，命李峤、张易之等三十六学士（多北门学士）编修《三教珠英》（儒、释、道百科辞典）。契丹将领李楷固等来降，使之平契丹余部。

七月，女皇自阳城县三阳宫返神都。

闰七月，吐蕃扰凉州，唐将唐休璟大破之。

九月，内史狄仁杰死（七十一岁）。

十月，宣布改"周正"，复用"夏正"（夏历），仍以明年寅月（阴历正月）为岁首。注：自垂拱四年（688）改用周历以来，至此年，本表每年之"正月"，实皆夏历之十一月。其余类推。

十一月，女皇至新安县。自长寿元年（692）以来之屠禁，凡九年，至今年十一月始解禁。

大足元年（长安元年　701）　79岁

夏历三月，以姚元崇为相。

五月，女皇至三阳宫避暑、疗养，至七月回神都。命御史大夫魏元忠为总管，练兵以备突厥。

八月,突厥默啜扰边。

十月,女皇回长安,改元长安,大赦天下。

十一月,命郭元振为凉州都督。郭元振在凉州,筑要塞,开屯田,在任五年,牛羊遍野,军粮充足,突厥不敢犯。

此年,《三教珠英》修成,共 1300 卷。

李白生。

王维生(有异说)。

长安二年(702)　80 岁

正月,初开武举以选将帅之才(从此至清朝,皆开武举)。

三月,突厥扰并州。

七月,突厥扰代州。

九月,吐蕃请和。

十月,吐蕃又扰茂州,败退。

十一月,女皇亲祀长安南郊,大赦。

十二月,设北庭都护府于庭州。命魏元忠为安东道安抚使。徐有功死(六十三岁),陈子昂死(四十二岁)。

此年,女皇在长安(年老有病)。日本"遣唐使"来朝取经。平反冤狱甚多。

长安三年(703)　81 岁

四月,吐蕃献马求婚。

六月,宁州山洪暴涨,漂流二千余家,溺死千余人。

九月,听张昌宗谮言,贬魏元忠为端州高要县尉,流张说于岭南。长安大雨雹,天寒,人畜有冻死者。

十月,女皇回神都(春、夏、秋三季,女皇皆在长安)。默啜可汗既请为女皇之子,又请以女妻太子之子。

十一月,默啜可汗遣使来谢许婚。始安獠人起义,反抗官吏侵凌,旋抚定之。分道遣使以"六条"纲领视察州、县。

长安四年(704)　82 岁

正月,建兴泰宫于寿安县(今河南宜阳)之万安山。女皇年老多病,四月至七月,在兴泰宫疗养。

封阿史那怀道为西突厥十姓可汗。

四月,复课僧尼。

十月,任张柬之为相。

此年,居相位者有韦安石、李峤、崔玄暐、杨再思、宗楚客、姚元崇、韦嗣立、韦承庆、房融等。

神龙元年(705)　83 岁

元旦,改元神龙,大赦天下。

正月,张柬之等拥太子发动政变,率兵入宫,杀张易之、张昌宗于廊下。女皇去冬以来卧病,至此被迫传位于太子(中宗李显)。唐中宗登位,上尊号曰"则天大圣皇帝"。从此始有"则天"之称,后世竟成为武曌之别名。"则"义如效法,意即效法上天为善之大圣皇帝。女皇由正殿迁居上阳宫养病。

十一月,女皇病死于上阳宫之仙居殿,终年八十三岁(根据《旧唐书》本纪)。其后葬于乾陵。唐中宗虽登位复唐,但仍用神龙年号,不敢改元,不许称中兴,以表示尊重"圣母神皇"。